Mayté

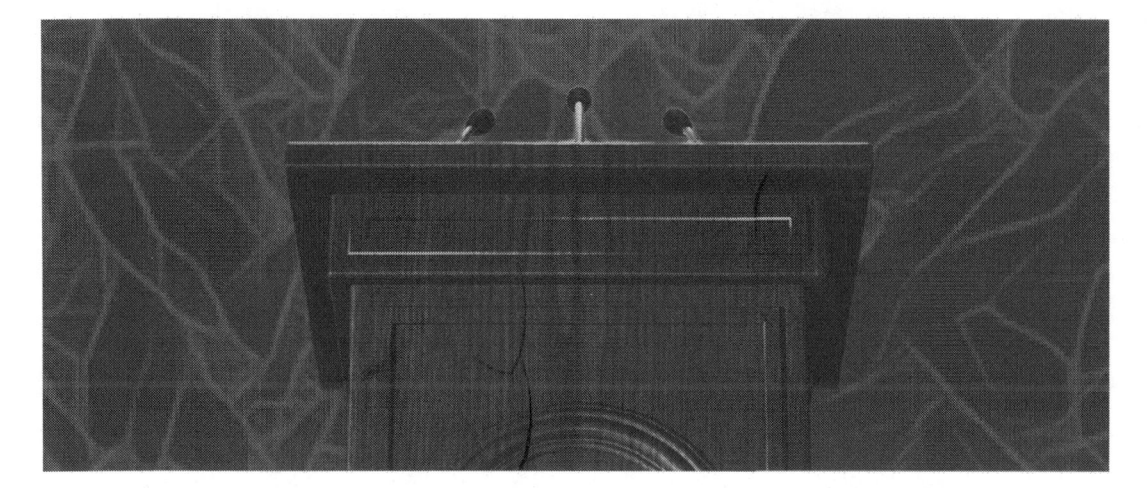

# RetoricAcción
"El poder de la palabra hablada"

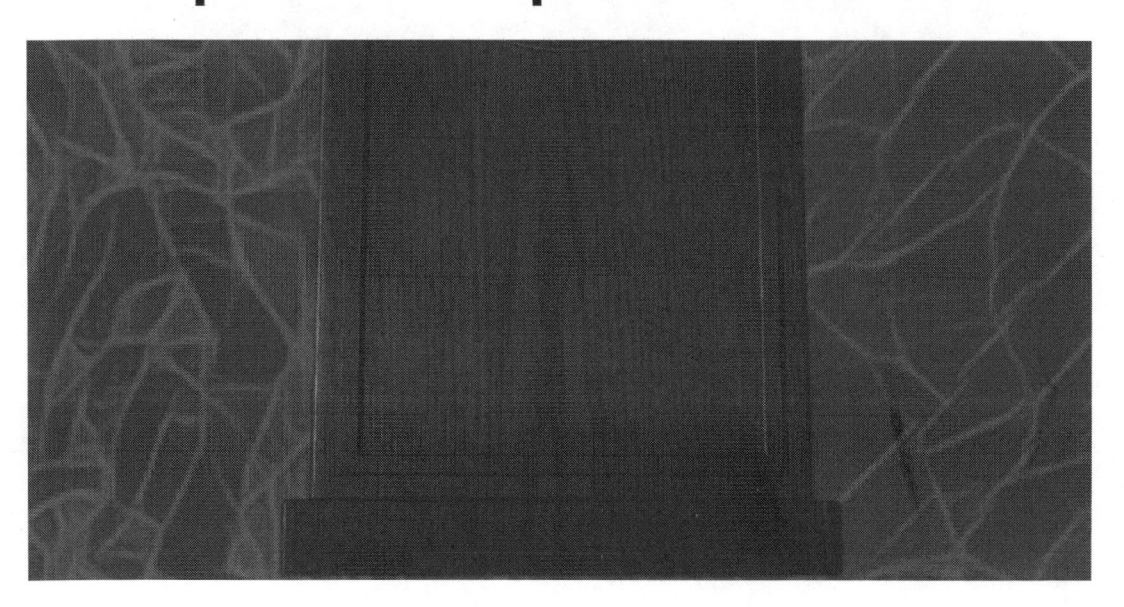

# RetoricAcción

## "El Poder De La Palabra Hablada"

### Mayté garcia miravete

Ninguna parte de esta publicación, incluido el diseño

de la cubierta, puede ser reproducida, almacenada,

o transmitida de ninguna manera alguno ni por ningún

medio, ya sea electrónico, quìmico, mecánico, óptico,

de grabación o de fotocopia, sin permiso previo

del autor

RetoricAcción: El Poder de la Palabra Hablada

ISBN:9798876956293

Registro Público del Derecho de Autor

03-2023-1123111701000-01

Primera Edición noviembre de 2023

Diseño y formación SAMARIBA BOOKS | Alfredo Ríos Gómez

Todos los derechos reservados. No se permite la reproducción total o parcial de este libro, ni su incorporación a un sistema informático, ni su transmisión en cualquier forma o por cualquier medio, ya sea electrónico, mecánico, fotocopia, grabación u otros, sin autorización expresa y por escrito del autor. La información, la opinión, el análisis y el contenido de esta publicación es responsabilidad del autor.

# DEDICATORIA

A mis amados hijos, María Fernanda y Rodrigo,

Cuando nacieron, aun con su diferencia en tiempo y espacio, una imagen podía yo ver desde mi habitación: eran las gotas de lluvia que resbalaban brillantes de una hoja jugando con el sol, retando al aire, derrochando alegría en un corazón que recibía cada sonido, cada olor, como tierra fértil colmada de amor... ese corazón, era el mío...

Hoy que escribo estas líneas también llueve...

"RetoricAcción" lleva ese aliento inspirado por ustedes, que honra su existencia, su presencia transformadora y poderosa colmada del más profundo amor. Pues ustedes son el umbral, son el fin.

A mi amada madre,

Con gratitud eterna, reconozco que sembraste con amor en mi mente y alma disciplina, orden y trabajo. Cada palabra en este libro es una manifestación de ese amor y ese constante ejemplo tuyo en cada acción. Soy el resultado de tu esfuerzo. Tu me vestiste con alas de zafiro y luna... Gracias hasta el cielo mamá

# AGRADECIMIENTOS

Agradezco a mi familia, Papá, hermanas, sobrinas, cuñados, tías y tíos, a mis abuelos, en especial a mi abuelo Pascual, de quien intento seguir sus pasos.

Gracias a quienes me impulsan con su presencia, con sus voces de aliento y a quienes tengo el honor de llamar mis amigos.

Gracias a mis maestros y maestras.

Gracias a todos y cada uno por ser la inspiración, por ser la roca firme en mi vida, por ser el cimiento detrás de mis palabras y la razón por la cual hoy este trabajo hecho con toda la entrega, la pasión y el amor presento con respeto ante ustedes.

Con todo mi cariño,

Maytè Garcia Miravete

# ÍNDICE

| | |
|---|---|
| PRÓLOGO | 13 |
| PRESENTACIÓN | 19 |
| RETÓRICA Y ORATORIA PARA UNA COMUNICACIÓN PODEROSA | 31 |
| La Retórica: El Arte del Argumento Efectivo | 34 |
| Elementos Clave de la Retórica: | 43 |
| Importancia del Ethos y el análisis crítico del discurso a partir de él | 46 |
| La argumentación en la Retórica | 49 |
| Ética Argumentativa | 51 |
| Tipos de Argumentos | 52 |
| La Oratoria: La Voz de la Convicción | 54 |
| Coincidencias y Síntesis | 61 |
| CUALIDADES QUE DEBE SATISFACER EL ORADOR | 65 |
| Cualidades físicas: La Presencia | 65 |
| Voz | 70 |
| Además… | 74 |
| Presentacion, Posicion y Saludo | 76 |
| Posición | 78 |
| Saludo oratorio | 79 |
| Contacto Visual | 80 |
| La comunicación no verbal | 82 |
| Memoria e Imaginación | 88 |

## EL LENGUAJE DE LA ELOCUENCIA — 91

**El Lenguaje** — 91
**La Elocuencia** — 95
**Condiciones del Lenguaje** — 99
**Precisión** — 101
**Claridad** — 102
**Concisión** — 103
**Naturalidad** — 104
**Energía** — 105
**Melodía o Suavidad** — 106
**Figuras retóricas** — 109
**Preguntas retóricas** — 112

## ELECCIÓN DEL TEMA Y PREPARACIÓN DEL DISCURSO — 115

**Preparación del Discurso** — 115
**Propósito del discurso** — 117
**El objetivo del discurso** — 119
**Análisis del Público** — 120
**Elaboración y Organización** — 124
**El Pensamiento Creativo en la Preparación de un Discurso** — 126
**Fondo y Forma** — 131

**ESTRUCTURA DEL DISCURSO**        137

**Estructura del Discurso según la Retórica Clásica**    138
**Elementos del discurso**    140
**Proposición y división**    143
**Narración**    145
**Confirmación y refutación**    147
**Peroración y epílogo**    148
**Fórmulas eficaces para realizar discursos**    150
**Pasado, Presente, Futuro**    151
**Introducción, Desarrollo y Conclusión**    152
**Planteamiento de un problema, Solución al problema planteado, Exhortación a la acción**    154
**Fórmula Mágica**    156
**Inicios y Finales de Discursos**    158
**Finales de Discursos**    160

**TIPOS DE ORATORIA**    165

**Oratoria Política**    165
**Elementos clave en el desarrollo del discurso político**    171
**El lenguaje oratorio en el marco del discurso político**    174
**Narrativa y Framing:**    178
**Titulares y Soundbites:**    182
**Control del Mensaje**    185
**Coherencia y Congruencia del Orador Político**    188
**Oratoria Política: Arte y Estrategia:**    190
**Discurso Persuasivo**    194
**Secuencia Motivadora de Monroe**    203
**Fórmula de Marshall Ganz**    206
**El Debate Político**    211
**Oratoria Forense**    222

| | |
|---|---|
| Oratoria Sagrada | 227 |
| Oratoria Académica | 230 |
| La Conferencia | 232 |
| La Ponencia | 234 |
| Oratoria comercial: persuasión en el mundo de los negocios | 236 |
| Oratoria Social | 243 |
| Neotelling | 248 |
| Conferencias virtuales | 253 |

## RECURSOS DEL ORADOR 257

| | |
|---|---|
| El discurso leído | 257 |
| Uso de las notas | 261 |
| La Elocuencia de la Improvisación: Un Arte y un Método | 262 |
| Otros recursos del Orador | 269 |
| Apoyos Visuales | 274 |

## CONCLUSIÓN 283

## REFERENCIAS Y BIBLIOGRAFÍA: 289

# PRÓLOGO

Por: Dra. Sandra Dellara

Catedrática, investigadora, autora y

Presidenta del Observatorio de Mujeres Políticas

La publicación del libro *RetóricAcción* que presenta Mayté García Miravete no es casual, por el contrario: es producto de su extensa investigación en el campo de la Nueva Retórica y de las experiencias de capacitación adquiridas en el mudo de la política. Un texto que resulta indispensable para el uso y la *praxis* de la comunicación política en los estadios de: Comunicación de Campaña y Comunicación de Gobierno.

*RetoricaAcción* reúne los elementos requeridos por el profesional político de nuestros tiempos, dichos elementos están preparados para su inmediato ejercicio y posterior puesta en escena. Ya que, para todo político es prioritario demostrar su solvencia en el manejo de la oratoria y hacerlo ante los diversos auditorios, circunstancias y/o contextos, tal como lo hicieron los políticos de la Atenas clásica.

El texto nos introduce en un viaje de conocimiento y descubrimiento por las formas y los contenidos del *hacer* persuasivo, al mismo tiempo nos posibilita la autocapacitación de una manera didáctica y reflexiva. El bagaje conceptual y metodológico nos conduce a nuevos procedimientos en la interacción con los auditorios de un modo eficiente y capaz de argumentar, seducir, convencer y manipular a los destinatarios del nuevo milenio, a través de los diferentes medios.

El libro *RetoricAcción* está escrito por una Mujer que ha dedicado su vida a la investigación de la Nueva la Retórica para el campo de la comunicación política. Una Mujer que ha hecho de la enseñanza "un arte", porque, como, bien lo explica en cada uno de sus cursos:

"Es mi compromiso, mi misión lograr que cada uno tenga siempre esta experiencia de logro y poder. La palabra hablada, es sin duda poder, entrega, disciplina, conocimiento y pasión." Como en los tiempos de Gorgia, esta Maestra de la Retórica Moderna hace de la palabra: "un poderoso soberano que con un cuerpo pequeñísimo y del todo invisible lleva a término las obras más divinas. Pues es capaz de hacer cesar el miedo y mitigar el dolor, producir alegría y aumentar la compasión" (G.2011, p.33).

*RetoricAcción* recopila ejemplos de la elocuencia mundial de diferentes momentos políticos, donde no faltan los discursos de las Mujeres políticas. Estas Mujeres de todos los tiempos que nos siguen inspirando y nos brindan herramientas para la construcción de nuestro propio discurso político con sus modos, formas, temáticas y pasiones.

Disfruten de la lectura de *RetoricAcción* que es el "poder de la palabra" en acción.

# Una breve aclaración ...

El libro que estás a punto de comenzar a leer representa una emocionante evolución en la experiencia de lectura, ya que incorpora códigos QR de manera innovadora. Estos códigos te permitirán acceder a una amplia variedad de recursos complementarios que enriquecerán tu comprensión y disfrute de la obra. A continuación, te explicaré cómo esta tecnología novedosa cambiará tu forma de abordar la lectura:

1. Códigos QR como puertas a conocimiento adicional: A lo largo de las páginas del libro, encontrarás códigos QR estratégicamente ubicados en cada capítulo o sección. Estos códigos funcionan como enlaces a contenido multimedia en línea, principalmente a videos de YouTube. Al escanear un código QR con tu dispositivo móvil o tablet, serás dirigido instantáneamente a un video relacionado con el tema que estás leyendo.

2. Ampliación de información: Los videos enlazados a través de los códigos QR proporcionarán información adicional, ejemplos visuales, entrevistas con expertos, demostraciones prácticas y otros recursos que complementarán el contenido del libro. Esta funcionalidad te permitirá explorar de manera más profunda los conceptos presentados en el texto y ver cómo se aplican en la práctica.

3. Mayor engagement y comprensión: Al poder acceder a material multimedia de apoyo, la lectura se vuelve más interactiva y entretenida. Esta combinación de texto y video enriquecerá tu experiencia de aprendizaje, haciéndola más atractiva y fácil de comprender. Puedes ver cómo se resuelven problemas, se llevan a cabo experimentos o se narran historias en formato audiovisual, lo que puede facilitar la asimilación de conceptos complejos.

4. Variedad de enfoques: Los videos enlazados a través de los códigos QR ofrecen ejemplos ilustrativos, lo que te permitirá acceder a una variedad de voces y enfoques enriquecedores. Esto te ayudará a formar una comprensión más completa y matizada de los temas tratados en el libro.

5. Acceso instantáneo: La ventaja más destacada de esta tecnología es que el acceso a los videos es inmediato. No necesitas buscar manualmente información adicional en línea o perder tiempo en búsquedas tediosas. Simplemente escanea el código QR y accede a la información relevante al instante.

Esta incorporación de códigos QR y contenido multimedia en un libro es una forma novedosa y emocionante de utilizar la tecnología para enriquecer la experiencia de lectura.

Te invitamos a explorar estos recursos adicionales para llevar tu lectura al siguiente nivel y disfrutar de un viaje de aprendizaje más ágil y ameno.

¡Disfruta de la aventura que te espera en estas páginas y en los videos que descubrirás a través de los códigos QR!

# PRESENTACIÓN

# PRESENTACIÓN

En el vasto universo de la comunicación, existe una premisa fundamental:

**"El hombre es su palabra, ella lo concreta
y lo define, es su imagen fiel"**

**José Muñoz Cota**

En estas palabras se encierra la esencia misma de la capacidad comunicativa del ser humano. Desde los albores de la civilización, la habilidad de expresar pensamientos, emociones e ideas ha sido el pilar que ha forjado sociedades, tejido historias y establecido conexiones profundas entre individuos.

La oratoria y la retórica forman parte central de esta capacidad comunicativa. A través de la oratoria, el individuo se convierte en un maestro de las palabras, utilizando el tono, la cadencia y el lenguaje no solo para transmitir información, sino para cautivar, persuadir e inspirar a su audiencia. La retórica, por su parte, otorga las herramientas necesarias para dar forma a discursos poderosos, que no solo se apoyan en la lógica y la razón, sino que también apelen a las emociones y los valores más profundos de quienes escuchan.

En este libro, exploraremos tanto los recursos de la oratoria, así como los de la retórica. Ambas, vehículos esenciales para la comunicación efectiva. Analizaremos cómo las palabras pueden moldear percepciones y forjar identidades, tanto a nivel individual como colectivo. A lo largo de estas páginas, intentaremos desvelar algunos secretos de los grandes discursos que han marcado la historia y examinaremos las técnicas que las y los líderes, oradores y comunicadores han utilizado para dejar una impresión perdurable en la mente de sus oyentes.

Al sumergirnos en el mundo de la oratoria y la retórica, descubriremos que estas disciplinas no solo residen en el ámbito público y político, sino que también influyen en nuestra vida cotidiana. Cada conversación, presentación o intercambio se convierte en una oportunidad para perfeccionar nuestras habilidades comunicativas y, de este modo, afianzar nuestra identidad en las palabras que elegimos pronunciar. Indudablemente, la habilidad de hablar en público no solo es esencial en el ámbito político o en los escenarios más visibles de la sociedad. Su importancia se extiende a todos los ámbitos de la vida moderna, influyendo en el éxito profesional, las relaciones interpersonales y el desarrollo personal.

En el ámbito profesional, la capacidad de comunicarse con claridad y confianza es un activo inestimable. Desde una reunión de negocios hasta una presentación ante colegas, la oratoria efectiva permite transmitir ideas de manera persuasiva, presentar propuestas de manera convincente y liderar equipos con autoridad. Aquellos que dominan el arte de hablar en público encuentran más oportunidades de ascenso y reconocimiento en sus carreras, ya que demuestran la confianza y la competencia necesarias para inspirar a otros y tomar decisiones informadas.

En el contexto académico, la habilidad de expresarse en público no solo es valiosa en presentaciones de clase, sino también en la defensa de tesis y la participación en debates. Aquellos que pueden comunicar sus pensamientos con claridad y argumentar sus puntos de vista de manera coherente se destacan como académicos o estudiantes comprometidos y capaces.

En las relaciones interpersonales, la habilidad de expresarse con elocuencia fortalece la empatía y el entendimiento mutuo. Puede ayudar a resolver conflictos al permitir una comunicación abierta y respetuosa. Además, enriquece las conexiones personales al permitir que las personas compartan sus experiencias y perspectivas de manera auténtica y significativa.

En el plano personal, hablar en público también tiene un efecto transformador. Superar el miedo escénico y desarrollar la confianza para dirigirse a una audiencia puede aumentar la autoestima y el autoconcepto. Aprender a organizar y presentar ideas de manera efectiva también estimula el pensamiento crítico y la creatividad, ya que requiere una comprensión profunda del tema y la capacidad de transmitirlo de manera atractiva.

En cuanto a la oratoria política se refiere, hemos de comprender que la palabra precisa en el ámbito de lo público, es una manifestación excepcional de la habilidad de expresarse persuasivamente que posee una influencia única y profunda en la sociedad. Su importancia radica en su capacidad para moldear opiniones, conducir a la acción y, en última instancia, dar forma al curso de la historia y la política.

Es, en el ámbito político, que las palabras se convierten en una herramienta de poder y cambio. Un orador político hábil puede movilizar multitudes, cambiar percepciones y establecer agendas. La oratoria política efectiva no se trata solo de entregar discursos apasionados, sino de articular ideas y propuestas de manera que resuenen con las preocupaciones y aspiraciones del público.

La habilidad de un líder político para comunicarse de manera persuasiva es crucial para ganar apoyo y construir alianzas. Los discursos inspiradores pueden unir a las personas detrás de una causa común, generando un sentido de pertenencia y propósito en un grupo. Además, la oratoria política puede influir en la toma de decisiones en asuntos críticos, como políticas públicas, relaciones internacionales y cambios sociales entre otros.

La historia está repleta de ejemplos en los que la oratoria política ha cambiado el rumbo de los acontecimientos. Desde los discursos influyentes de líderes como Winston Churchill y Martin Luther King Jr., hasta las declaraciones presidenciales que han marcado épocas, como el discurso de Gettysburg de Abraham Lincon. Es así, que la oratoria política ha sido un vehículo para expresar visiones, denunciar injusticias y catalizar transformaciones a nivel nacional e internacional.

Además, en democracias, la oratoria política es esencial para la participación ciudadana informada. Los discursos de las y los líderes políticos brindan a los ciudadanos información crucial sobre sus políticas y propuestas, permitiéndoles tomar decisiones informadas en las elecciones y en la arena política en general.

La oratoria política es una herramienta poderosa para influir en el pensamiento colectivo y en la dirección de una sociedad. A través de la palabra, los líderes políticos pueden inspirar esperanza, provocar reflexión y movilizar a las personas a la acción y así lograr un cambio significativo. Y, como hemos mencionado, su impacto trasciende el momento en que se pronuncian las palabras, dejando una huella indeleble en la memoria y la historia.

Es así, que en las páginas que siguen, exploraremos cómo la palabra hablada trasciende el tiempo y el espacio, cómo se convierte en el reflejo más auténtico de nuestra esencia y cómo, en última instancia, moldea el mundo que nos rodea. Adentrémonos juntos en este viaje hacia el poder de la palabra y la extraordinaria capacidad que poseemos para dar forma a nuestro destino a través de la comunicación.

Es por ello, que desarrollar la competencia de dominar la palabra hablada es esencial en múltiples aspectos de la vida. Esta habilidad va más allá de la simple comunicación verbal y se convierte en una herramienta poderosa para influir, conectar y tener un impacto significativo en diversos contextos.

Aquí hay algunas razones que subrayan la importancia de esta competencia:

Comunicación Efectiva: Dominar la palabra hablada permite comunicar ideas, pensamientos y emociones con claridad y precisión. Una comunicación efectiva es fundamental en todas las interacciones, ya sea en situaciones personales, profesionales o académicas. La habilidad de transmitir información de manera coherente y comprensible es esencial para el éxito en cualquier ámbito.

Confianza y Autoestima: Superar el miedo a hablar en público y desarrollar la capacidad de expresarse con seguridad y convicción tiene un impacto directo en la autoestima. La confianza para enfrentar audiencias y presentar ideas refuerza la percepción positiva de uno mismo y genera una sensación de logro personal.

Liderazgo: Las y los líderes efectivos son hábiles comunicadores. Dominar la palabra hablada es una herramienta clave para influir en otros, inspirar equipos y tomar decisiones informadas. Las habilidades de oratoria permiten a los líderes articular visiones y objetivos, movilizando a otros hacia un propósito común.

Influencia y Persuasión: Las personas que pueden comunicar sus ideas de manera persuasiva tienen la capacidad de influir en la opinión y el comportamiento de los demás. La persuasión efectiva se basa en la habilidad de presentar argumentos sólidos y apelar a las emociones y valores compartidos.

Éxito Profesional: En el ámbito laboral, la competencia en la palabra hablada es un diferenciador clave. Las presentaciones efectivas, las conversaciones convincentes y la capacidad de expresarse en reuniones y negociaciones contribuyen al avance profesional y al reconocimiento en el lugar de trabajo.

Networking y Relaciones Sociales: Las habilidades de comunicación sólidas son esenciales para construir y mantener relaciones sólidas. La palabra hablada facilita la conexión con personas de diferentes orígenes y perspectivas, permitiendo un intercambio más profundo y significativo de ideas y experiencias.

Impacto Social: Aquellos que dominan la palabra hablada tienen la oportunidad de abogar por causas y temas que les apasionan. Ya sea en la política, la sociedad civil o en entornos educativos, pueden usar su voz para sensibilizar y crear conciencia sobre cuestiones importantes.

Es por todo lo anterior, que dominar y desarrollar la competencia de la palabra hablada es una habilidad valiosa. Una comunicación poderosa contribuye al crecimiento personal, al éxito profesional y a la capacidad de influir positivamente en los demás, como ya lo hemos comentado, por lo que trabajar disciiplinadamente para fortalecer esta competencia, no solo mejora la calidad de la comunicación individual, sino que también contribuye al enriquecimiento de la sociedad en su conjunto.

Sin embargo, muchos, por miedo, por falta de disciplina, de objetivos claros, de oportunidades formativas o de motivación, pueden llegar a detener ese aprendizaje, ello, puede estar ocasionado por los obstáculos que se encuentran en el día a día y, otros, resultado de "autobloqueos". Es decir, pueden surgir a partir de las propias creencias (falsas o verdaderas), que, "producen" trabas reales y que obligan, en cierta forma, a detener ese impulso natural del propio crecimiento y de logro.

Es por ello, que los antiguos griegos daban a la formación integral de la persona suma importancia; la enseñanza en las virtudes eran parte implícita en la educación o desarrollo para llegar así a la excelencia personal, de tal manera, que, desarrollaban la capacidad intelectual con el aprendizaje y desarrollo de competencias para hablar en público.

De estos grandes maestros formadores de la humanidad, en cuyas bases se sustentan nuestros propios sistemas educativos, es en quienes encontramos el primer antecedente del desarrollo de la Retórica.

Fueron los oradores atenienses, maestros de la elocuencia. Primero Antifon, vinieron después: Isócrates, Andocides, Lisias, Esquines, Hiperides y el maestro de todos, el asombroso, lógico y apasionado Demóstenes. Entre muchos y muchas que habríamos que evocar.

Pero no solo los griegos han sido quienes han desarrollado el arte de la elocuencia. A través de la historia de la humanidad, constatamos como grandes hombres y mujeres, tales como: educadores, políticos, predicadores, mujeres y hombres de letras han aplicado las normas oratorias para comunicarse efectivamente.

En su mayoría estos grandes hombres y mujeres, estos grandes oradores, fundaron religiones o crearon grandes obras sociales, políticas, etc. El mundo sigue siendo de ellos; pero fue la constancia, la voluntad que poseyeron, la firmeza en sus convicciones, la férrea disciplina en sus vidas y el poderoso dominio de la palabra hablada que utilizaron con maestría para defender, presentar, debatir sus ideas con infinito poderío ante el cual cedió todo.

Mujeres y hombres como Aspasia, Hortencia, Aristoteles, Demóstenes, Napoleón, Justo Sierra, Vasconcelos, Bolívar, Franklin Roosevelt, Eva Perón, Churchill, Ricardo Flores Magon, Kennedy y Marthin Luther King, Margaret Thatcher, Angela Merkel, Barack Obama entre otras y otros, quienes han modificado el rumbo de la historia, quienes han desarrollado la potencialidad infinita que cada ser humano llevamos dentro, quienes han usado la fuerza de la palabra para conmover y convencer, persuadir y mover a la acción a pueblos enteros y quienes indudablemente han sido ejemplos de excelencia.

Mahatma Gandhi, gran orador, ideólogo, hombre místico, decía: " Nos hacemos fuertes cuando perseveramos o sublimamos la energía, malgastamos continuamente y a veces sin darnos cuenta, esa energía cuando damos pábulo a pensamientos confusos o indeseables, y como el pensamiento esta en la fuente de toda palabra y de toda acción, se comprende fácilmente que las cualidades que existen en un plano se encuentran también en el otro"

Refiérase pues, al valor, que tienen nuestras palabras cuando estas derivan a una acción o a un hecho; del cuidado que debemos tener al utilizar esa energía vital.

Desafortunadamente, hoy en día, el arte de expresar nuestras ideas correctamente, con efectividad, no se promueve desde la formación básica. Las y los jóvenes profesionistas en la actualidad en su mayoría están muy lejos de desarrollar esta competencia tan importante y necesaria. Situación que se repite en distintos ámbitos, el maestro o la maestra que no logran informar, convencer, conmover, persuadir a sus estudiantes, pues su discurso es denso, aburrido, aletargado. El vendedor o vendedora, que pareciera repetidor de "discursos enlatados" o "pitch de ventas", memorizado, "robotizado", sin conocer a profundidad su producto o servicio, distante y con una cantidad de bloqueos personales que no ha resuelto respecto a ese producto o servicio y que a la hora de presentar su discurso este suena poco "creíble".

En política ocurre algo similar, encontramos candidatas, candidatos, hombres y mujeres en posiciones de gobierno, que muestran grandes carencias al dirigirse a los y las votantes, a la ciudadanía. Sus discursos son huecos, vacíos, sin forma ni contenido. No logran mover ni la mente, ni los corazones de sus audiencias. Sus voces apagadas por la falta de un entrenamiento y desarrollo de competencias en el dominio de la palabra hablada, se evidencian constantemente, incluso algunos y algunas, ni siquiera pueden leer un discurso en forma fluida, con inflexión y poder en su voz, logrando ese importante contacto a través de la confianza y empatía que pudieran generar con su público y que no logran de ninguna manera, es lamentable presenciar la amplia y notoria deficiencia en su formación como políticas y políticos en esta importante área del dominio de la palabra hablada.

Son pocos los que pueden expresarse con claridad y efectividad, con elocuencia y convicción, con conocimiento, con argumentación poderosa y desarrollo fluido de ideas, cuidando, además, la forma de su discurso con voz, ademanes y gestos, entre tantas cualidades y condiciones que deben vigilar para lograr una exposición poderosa. Pareciera que es una capacidad que muy pocos pueden dominar.

Pero si afirmaramos como verdad ese hecho, estaríamos haciendo una aseveración sumamente peligrosa, porque el ser humano tiene la capacidad de desarrollar esta competencia a través de disciplina. Para ello su preparación y conocimiento son obligación, la practica diaria, el ejercicio mental para desarrollar agilidad, la lectura constante de grandes autores, serán, entre otros, requisitos para desarrollar esta valiosa competencia.

En mis cursos de Oratoria, han llegado personas con una gran capacidad para expresarse, son verdaderos diamantes, hombres y mujeres que poseen un don innato. Pero, también han participado personas a quienes evidentemente les cuesta mucho trabajo expresarse a través de la palabra. En estos años, he podido constatar que se puede contar con la habilidad, pero que esta sin la disciplina del orador se puede llegar a perder. He visto, como esos participantes a quienes al inicio les implicaba mucho trabajo el dominio de la palabra hablada, a través de la de enseñanza adecuada, de la disciplina férrea, se han convertido en grandes oradoras y oradores, logran el desarrollo de la competencia, pero siempre anteponiendo el esfuerzo, responsabilidad, disciplina y mucho trabajo para alcanzar la meta.

Esto me lleva siempre a la misma reflexión: **"El orador nace, pero también se hace".** El lograrlo, es una cuestión de decisión, trabajo, disciplina , orgullo, coraje y mucha voluntad que se debe desarrollar constantemente. Pues: "El orador no concluye sus estudios de oratoria. La elocuencia no es una letra de cambio a tantos años; es vocación vital. Porque la oratoria – como hemos de ver - no es concebible sin una seria, profunda y amplia cultura, sin ser rico, en sabiduría, en filosofía, economìa, política, arte, sociología, etc., para no correr el riesgo de firmar cheques en blanco… No se puede hablar de lo que no se sabe" (Muñoz Cota, 1976), agreguemos entonces que, no se puede hablar si no se esta preparado, si no se ha disciplinado la voluntad para el logro del objetivo.

Lamentablemente, hemos de reconocer, que, son pocos los ámbitos (sociales, educativos y/o profesionales), que buscan desarrollar en forma integral a la persona, en la que la Oratoria y la Retórica, deberían ser consideradas como importantes y necesarias, el que el aprender a expresarse correctamente, el comprender la importancia de utilizar adecuadamente el lenguaje verbal y no verbal, el desarrollar un lenguaje preciso, claro, exacto, elocuente, el promover el conocimiento profundo del lenguaje, el ampliar la cultura, entre otros, son y deberían ser parte de nuestra formación integral en todas las etapas de nuestra vida.

Quizá escuchamos de algunos espacios, como las escuelas, que promueven en el niño el conocimiento en esta área, pero desafortunadamente son las menos. Probablemente sepamos de algunas empresas, partidos políticos, áreas de gobierno que invierten en el desarrollo de la elocuencia, pero lamentablemente son pocas.

De ahí nace la necesidad de que niños, jóvenes y adultos aprendamos con eficacia las normas para expresarnos con elegancia y efectividad. Hay que reconocer que el poder de la palabra es infinito, y que "La Oratoria no es un fin meramente, sino un medio, el mas eficiente, para cumplir fines humanos" (José Muñoz Cota, 1976)

Consideremos que el discurso es poder, no solo un medio para ello. Desde la antigua Grecia hasta nuestros días, un mensaje bien construido, bien dicho debe llevar a entusiasmar a la audiencia, a "moverla", a conducirla a la **acción**. De ahì el nombre de este libro, puesm la palabra hablada siempre debe conducir a la audiencia a actuar en consecuencia, un discurso que no ha logrado ello, no ha cumplido con su principal objetivo: "mover a cada persona" y eso es **RetoricAcción**

**Saber, poder y lograr a través de emociones y argumentos que trabajen en conjunto para inspirar, persuadir, entretener, informar e influir en el público, y, lograr el objetivo de conducir a la acción, eso es poder, es el poder de la palabra hablada.**

> "Hablar con eficacia no es un don reservado a unos cuantos, sino que a toda persona; todo aquel que desee una preparación completa, que sienta la necesidad de un desarrollo integral en todos los aspectos de su vida, deberá imponerse la tarea de dominar el arte de la elocuencia, por demás gratificante y satisfactoria; pues la efectividad con la que una persona emita un mensaje verbal adecuado, dependerá su éxito, en suma le hará obtener el grado de excelencia personal que todos los lideres de la historia han poseído."
> José Muños Cota

MANUEL CAMPO VIDAL

# 1 ORATORIA Y RETÓRICA PARA UNA COMUNICACIÓN PODEROSA

# RETÓRICA Y ORATORIA PARA UNA COMUNICACIÓN PODEROSA

En la búsqueda incansable por alcanzar el dominio de la palabra hablada, dos disciplinas se alzan como pilares fundamentales: la Retórica y la Oratoria. A menudo, estos dos términos se entremezclan y se utilizan de manera indistinta, pero en su núcleo, cada una de estas artes tiene rasgos distintivos que las definen. Cuando se exploran y aplican con precisión, estas diferencias y similitudes permiten a los comunicadores aspirar a niveles excepcionales de maestría en la palabra hablada.

La Retórica, en su esencia más pura, se concentra en el arte de persuadir y convencer a través del uso de argumentos sólidos, la elección cuidadosa de las palabras y el dominio de las técnicas retóricas. Es la disciplina que se sumerge en la profundidad de la persuasión, examinando la lógica detrás de los discursos y la forma en que se construyen para influir en la audiencia. La Retórica es la fuerza intelectual detrás de la comunicación efectiva, destacando la importancia de estructurar argumentos sólidos y apelar a la lógica y la razón.

Por otro lado, la Oratoria se enfoca en la expresión y el arte de transmitir mensajes de manera poderosa y cautivadora. Es la disciplina que se concentra en el acto mismo de hablar en público, considerando aspectos como la entonación, el ritmo, el gesto y la conexión emocional con la audiencia. La Oratoria es la manifestación física y emocional de la comunicación, destacando la importancia de cómo se entrega un discurso y cómo llega al corazón y la mente de quienes lo escuchan.

Ambas disciplinas, Retórica y Oratoria, son fundamentales para cualquier comunicador que aspire a ser excepcional. Mientras que la Retórica proporciona las herramientas intelectuales para construir argumentos sólidos y persuasivos, la Oratoria aporta las habilidades prácticas para presentar esos argumentos de manera impactante. La combinación de estas dos artes no solo amplifica el poder de la palabra hablada, sino que también permite al comunicador abordar una amplia gama de situaciones y audiencias con confianza y destreza.

En el ámbito contemporáneo, donde la comunicación desempeña un papel crucial en la política, los negocios, la educación y la sociedad en general, el dominio de la Retórica y la Oratoria se ha vuelto más relevante que nunca. Los comunicadores que comprenden la importancia de estructurar sus argumentos con precisión y expresarlos de manera efectiva tienen una ventaja significativa en el mundo actual.

Además, la habilidad de influir y conectar con las audiencias a través de discursos impactantes y convincentes es una herramienta valiosa en la caja de herramientas de cualquier líder, activista, empresario o educador.

En este capítulo de «Retórico y Oratoria para una comunicación poderosa», exploraremos en profundidad estas disciplinas, desvelando sus misterios, desentrañando sus sutilezas y descubriendo cómo pueden converger para potenciar el poder de la palabra hablada. A lo largo de estas páginas, incursionaremos en estos dos conceptos aparentemente familiares, desafiando la percepción convencional y abriendo nuevas perspectivas sobre su aplicación en la comunicación contemporánea. Desde la construcción de argumentos persuasivos hasta la entrega emocional de discursos, exploraremos cómo estas disciplinas pueden elevar la calidad y el impacto de la comunicación en una variedad de contextos.

Al final, la maestría en la Retórica y la Oratoria no solo permite a los comunicadores comunicarse con claridad y eficacia, sino que también les brinda la capacidad de inspirar, influir y conmover a las audiencias de manera significativa. Así, en un mundo inundado de información y mensajes, aquellos que dominan estas artes no solo se destacan, sino que dejan una impresión duradera y transformadora en quienes tienen el privilegio de escuchar sus palabras. Por lo tanto, adentrémonos en este viaje de exploración y aprendizaje, donde desvelaremos los secretos de la Retórica y la Oratoria, y descubriremos cómo estas disciplinas pueden ser las llaves que abren las puertas hacia una comunicación verdaderamente poderosa.

# La Retórica: El Arte del Argumento Efectivo

La Retórica va a imperar como disciplina del mundo antiguo (Siglo V a.C), sin embargo, en la retórica, como arte de la persuasión y de comunicación efectiva, ha dejado una profunda huella en la historia de la civilización occidental. Desde los poderosos y vibrantes debates en la Atenas clásica, hasta las encendidas discusiones en la República Romana. La retórica era un pilar fundamental de la política, la filosofía y la cultura en la antigua Grecia y Roma.

Tal como la conocemos hoy, tiene sus raíces en la Grecia clásica. Sin embargo, en sus primeros días, el enfoque estaba en la oratoria política.

El legendario filósofo Sócrates fue uno de los primeros en destacar la importancia del discurso racional y el diálogo como medios para la persuasión. Aunque no dejó ningún escrito propio, sus discípulos, como Platón, registraron sus debates y métodos.

Platón, por otro lado, fue más crítico con la retórica. En su obra "Gorgias", presentó a los sofistas como maestros de la persuasión vacía y argumentó que la verdadera sabiduría se encontraba en la filosofía, no en el arte de hablar bien. A pesar de su escepticismo, sus diálogos socráticos sirvieron como ejemplos tempranos de cómo la retórica y la filosofía podrían fusionarse para explorar cuestiones importantes.

Aristóteles, el gran discípulo de Platón, llevó la retórica al siguiente nivel. En su obra «Retórica», Aristóteles delineó los principios fundamentales de la persuasión efectiva. Dividió la retórica en tres componentes: ethos (credibilidad del orador), pathos (emoción) y logos (lógica). Su trabajo estableció una base sólida para futuros estudios y prácticas retóricas. "Retórica," es uno de los pilares fundamentales del estudio de la persuasión y la comunicación efectiva. A lo largo de más de dos milenios, sus principios siguen siendo relevantes en la retórica moderna y la práctica de la oratoria. En este extenso análisis, exploraremos los conceptos clave de la retórica aristotélica y cómo han influido en el arte de la persuasión y la comunicación.

El corazón de la retórica aristotélica reside en la distinción entre tres modos de persuasión: ethos, pathos y logos. Estos elementos representan respectivamente la credibilidad del orador, la apelación a las emociones de la audiencia y la utilización de la lógica y el razonamiento.

Aristóteles enfatizaba la importancia de adaptar el discurso a la audiencia específica. Reconoció que diferentes audiencias tenían diferentes valores, creencias y expectativas, y argumentaba que un orador efectivo debía conocer a su audiencia y ajustar su discurso en consecuencia. Esta adaptación se convierte en una parte integral de la persuasión efectiva, ya que permite al orador conectarse mejor con la audiencia y presentar argumentos de manera más convincente.

El análisis del texto aristotélico revela que el discurso se compone de tres elementos fundamentales: el emisor (quien habla), el tema del discurso y la audiencia. El carácter del emisor influye en la naturaleza del tema y la forma en que se atiende y comprende a la audiencia. Aristóteles distingue entre tres tipos de discursos: deliberativos, demostrativos y judiciales, dependiendo de si los oyentes son espectadores que juzgan la habilidad del orador, árbitros que deciden sobre asuntos pasados, o árbitros que deciden sobre asuntos futuros. Esta clasificación ha influido en la retórica y se ha mantenido en la mayoría de los tratados retóricos.

En la democracia moderna, los discursos políticos pueden abarcar los tres tipos, y en ocasiones se superponen. La distinción entre persuadir (para influir en la acción) y convencer (para cambiar opiniones) se vuelve relevante debido a la audiencia diversa en los discursos políticos. Sin embargo, esta distinción no debe simplificar la retórica, ya que los oradores pueden utilizar una variedad de estrategias persuasivas y argumentos para lograr sus objetivos. Esta perspectiva más amplia de la retórica reconoce su complejidad y su papel fundamental en la comunicación política y social.

En la retórica aristotélica, la estructura del discurso desempeña un papel fundamental en la persuasión. Aristóteles recomendaba una estructura tripartita que consta de introducción, cuerpo y conclusión.

**La introducción** debe captar la atención de la audiencia, establecer el tema y presentar la tesis o posición del orador. Aristóteles sostenía que una introducción efectiva generaba interés y predisponía a la audiencia a escuchar el resto del discurso.

**El cuerpo** del discurso es donde se presentan los argumentos y la evidencia para respaldar la tesis del orador. Aristóteles abogaba por la organización lógica de estos argumentos. Señalaba que los argumentos más fuertes debían presentarse primero o al final del cuerpo, ya que eran más memorables y persuasivos. También recomendaba el uso de ejemplos y pruebas concretas para respaldar los argumentos.

**La conclusión** es la parte del discurso en la que se refuerza la tesis y se hace un llamado a la acción o se resume el mensaje clave. Aristóteles consideraba que la conclusión debía ser memorable y dejar una impresión duradera en la audiencia.

También aborda el estilo del discurso. Aristóteles alentaba la claridad y la elegancia en el lenguaje. Argumentaba que un estilo claro y efectivo permitía a la audiencia comprender mejor el mensaje y apreciar la habilidad del orador. También destacaba la importancia del ritmo y la cadencia en la entrega del discurso, ya que podían aumentar su impacto emocional.

Aristóteles consideraba que refutar las objeciones potenciales y anticipar las críticas era una parte esencial de la persuasión efectiva. Al abordar las posibles objeciones de la audiencia, el orador demostraba un entendimiento profundo del tema y construía una defensa sólida de su posición. Esto también fortalecía la credibilidad del orador y hacía que la audiencia fuera más receptiva a su mensaje.

La adaptación a la audiencia, la estructura del discurso, la claridad y el estilo, y la anticipación de objeciones son conceptos que se aplican en una variedad de contextos, desde la política y los negocios hasta la educación y los medios de comunicación. En última instancia, la retórica aristotélica sigue siendo una guía invaluable para aquellos que buscan comunicar efectivamente y persuadir a otros en el mundo moderno. Su legado perdura como un testimonio de la atemporalidad de la persuasión bien fundamentada.

Aristóteles, identificó cinco partes esenciales en el proceso de elaboración de un discurso retórico, cada una con un propósito y función específicos. Estas partes son Inventio (invención), Dispositio (disposición), Elocutio (elocución), Memoria y Actio (acción).

A continuación, se desarrolla cada una de ellas:

**Inventio (Invención):**

Esta etapa se centra en la generación de ideas y argumentos para el discurso. Es el proceso de encontrar y seleccionar los argumentos, evidencias y ejemplos que respaldarán la posición del orador y persuadirán a la audiencia. Para ello, hemos de identificar los puntos clave que se abordarán en el discurso, recopilar evidencia relevante, analizar las necesidades y expectativas de la audiencia y desarrollar argumentos sólidos.

**Dispositio (Disposición):**

En esta fase, se organiza la estructura del discurso de manera lógica y efectiva. Se decide cómo se presentarán los argumentos y en qué secuencia para maximizar la persuasión. Para lograr una buena disposición en el discurso, es importante considerar llevar a cabo una variación efectiva adaptando la estructura del discurso a la audiencia y al propósito del discurso. Puede incluir una introducción impactante, desarrollo lógico de argumentos y una conclusión persuasiva. La variación en la estructura puede mantener la atención de la audiencia y aumentar la claridad del mensaje.

**Elocutio (Elocución):**

Aquí se aborda la elección de las palabras y el estilo de lenguaje que se utilizará en el discurso. La elocución se refiere a cómo se expresarán los argumentos de manera efectiva y persuasiva. Para ello, es importante seleccionar un lenguaje apropiado para la audiencia, utilizar recursos retóricos como metáforas y analogías, y crear un discurso que sea claro, convincente y emocionalmente atractivo.

**Memoria:**

La memoria implica la capacidad del orador para recordar su discurso y presentarlo de manera fluida y segura ante la audiencia. Antiguamente, esto requería memorizar completamente el discurso. Hoy afirmamos que es suficiente con el hecho de familiarizarse lo suficiente con él como para presentarlo sin depender completamente de notas o guiones.

**Actio (Acción):**

La acción se refiere a la entrega física y emocional del discurso. Implica la forma en que el orador se presenta ante la audiencia, incluyendo el lenguaje corporal, la entonación y el contacto visual, utilizar gestos y expresiones faciales para enfatizar puntos clave, controlar el ritmo y la entonación de la voz para transmitir emociones y mantener la atención de la audiencia.

Estas cinco partes de la retórica aristotélica, representan un enfoque integral para la elaboración y presentación de discursos persuasivos.

Cada etapa desempeña un papel crucial en la construcción de un discurso efectivo y convincente, el orador experimentado sabe que no puede evadir ninguna de estas etapas, es de central importancia abarcarlas cada una, la retórica es un arte que implica la combinación y variación de estos elementos fundamentales para lograr discursos efectivos y persuasivos.

La habilidad de adaptar la retórica a diferentes situaciones y audiencias es lo que distingue a los oradores verdaderamente versátiles y poderosos desde la antigüedad hasta nuestros días.

Como ejemplo de la importancia de la Retórica en la Atenas clásica, la cual era considerada una habilidad esencial para la participación cívica. Ciudadanos y gobernantes, como Pericles, el líder destacado de Atenas, eran conocidos por su elocuencia y habilidades retóricas. Pericles pronunció famosos discursos fúnebres que honraban a los caídos en la Guerra del Peloponeso y celebraban los valores de la democracia ateniense, durante su esplendor. Es sabido que la influencia de Aspasia, en los discursos del destacado líder Pericles, fue innegable.

Su relación no solo trascendió lo personal, sino que se manifestó en el ámbito público y político, Aspasia, con su aguda mente y vasto conocimiento, introdujo a Pericles en el arte de la persuasión, enriqueciendo sus discursos con argumentos lógicos, emotivos y éticos.

La destreza retórica de Pericles floreció bajo la tutela de Aspasia, y sus discursos, como el famoso Discurso Fúnebre, se convirtieron en modelos de elocuencia que influirían en oradores posteriores y en la tradición retórica occidental. En su papel de mentora y confidente, dejó una huella indeleble en la historia de la oratoria y la política griegas, demostrando que la influencia de las mujeres en los asuntos públicos de la antigua Atenas iba más allá de los roles tradicionales, pues desafiaba las normas de género al participar activamente en debates y enseñar retórica a otros.

Pero, Aspasia no solo marcó la retórica de Pericles, sino que su influencia llegó incluso a Demóstenes, uno de los oradores más influyentes de la historia griega. Aspasia, con su perspicacia y elocuencia, sentó las bases para el desarrollo de discursos poderosos y persuasivos, influenciando a dos de los oradores más destacados de su tiempo.

Demóstenes, se inspiró en los logros retóricos de Aspasia y Pericles para moldear su propia oratoria, conocido por su elocuencia y pasión, adoptó y amplió las técnicas persuasivas que Aspasia había inculcado en Pericles. Sus famosos discursos políticos y legales, como las Filípicas, se caracterizaron por su habilidad para emocionar y convencer a la audiencia.

Aspasia, a pesar de no haber sido una oradora en el sentido tradicional, dejó un legado perdurable en la retórica griega. Su influencia se extendió desde la Atenas de Pericles hasta la época de Demóstenes, demostrando que la sabiduría y el arte de la persuasión trascienden el tiempo y continúan inspirando a generaciones de oradores y líderes. Su impacto en la oratoria clásica sigue siendo un testimonio de la importancia de la educación y la mentoría en el desarrollo de habilidades de comunicación efectiva.

Es así, que, a medida que la democracia se consolidaba en Atenas, surgieron los sofistas, maestros de la retórica que enseñaban a los ciudadanos a hablar con persuasión. Uno de los primeros sofistas conocidos fue Corax, quien desarrolló un sistema para enseñar la retórica. Sus enseñanzas sentaron las bases para el estudio sistemático de la retórica.

Con la expansión de la República Romana, la retórica se convirtió en una habilidad valiosa tanto en la política como en la sala del tribunal. En este contexto, destacaron oradores como Hortensia y Maesia. Hortensia, conocida por su discurso en contra de los impuestos a las mujeres, luchó por los derechos de las mujeres en una sociedad dominada por hombres. Maesia, por otro lado, defendió valientemente su inocencia en un juicio político.

Quintiliano, un maestro y autor romano del siglo I d.C., escribió la monumental obra «Institutio Oratoria», que recopilaba la sabiduría retórica de la época. Sus escritos se convirtieron en un recurso fundamental para la enseñanza de la retórica en la Roma antigua y posteriormente en la Edad Media.

La retórica, tal como la conocemos, fue moldeada y refinada por estas figuras influyentes de la antigua Grecia y Roma. Sus contribuciones sentaron las bases para el estudio continuo y la práctica de la persuasión efectiva, y su legado perdura en la retórica moderna.

La retórica, el arte de persuadir y comunicar efectivamente, ha sido una herramienta poderosa a lo largo de la historia de la humanidad. Aunque a menudo se asocia con los discursos de la antigua Grecia o Roma, su relevancia persiste en el discurso moderno.

En un mundo lleno de información y comunicación constante, la retórica se destaca como una habilidad esencial para influir, informar y conectar con las audiencias de hoy, es por ello que la hemos de considerar como la disciplina que se interesa en el estudio y la sistematización de los procedimientos y técnicas expresivas del lenguaje, que además de sus fines comunicativos usuales tienen como objetivo persuadir o embellecer lo dicho. Se trata de una disciplina que atraviesa numerosos campos del saber, entre los que están la literatura, la política, el periodismo, la publicidad, la educación, el derecho, etc.

Los elementos que la retórica estudia son los pertenecientes al lenguaje, pero no únicamente hablado: la expresión escrita e incluso el uso conjunto de imágenes y texto bien puede resultar de su interés, especialmente en las formas contemporáneas de elaboración de discursos

En la era digital, la comunicación es más omnipresente que nunca. Estamos constantemente bombardeados por mensajes a través de redes sociales, correos electrónicos, noticias en línea y más. En este entorno saturado de información, la retórica se convierte en una herramienta esencial para destacar y transmitir un mensaje de manera efectiva. Los discursos bien construidos y persuasivos pueden marcar la diferencia entre ser escuchados y ser ignorados en un mar de información.

La retórica desempeña un papel crucial en la política y el liderazgo empresarial moderno. Los políticos utilizan técnicas retóricas para ganar apoyo y persuadir a los votantes. Los líderes empresariales recurren a la retórica para inspirar a sus equipos y convencer a los inversores y clientes. La habilidad para articular una visión de manera convincente y movilizar a las personas hacia un objetivo común es una habilidad esencial en estos campos.

La retórica no se trata solo de persuasión, sino también de construir relaciones con la audiencia. En un mundo donde la diversidad de perspectivas es más evidente que nunca, la capacidad de comprender y conectar con diferentes grupos es esencial. La retórica efectiva permite a los líderes políticos, sociales, académicos, y empresariales construir puentes entre diferentes comunidades y lograr un consenso que beneficie a todos.

No es, de ninguna manera, un arte perdido de tiempos antiguos; es una habilidad moderna esencial. En un mundo saturado de información y comunicación constante, la capacidad de persuadir, conectar y comunicar efectivamente es más importante que nunca. Ya sea en la política, los negocios, la educación o la promoción del cambio social, la retórica desempeña un papel fundamental en dar forma a nuestro discurso moderno y en la manera en que entendemos y moldeamos el mundo que nos rodea.

De tal manera, que podemos concluir, que, la retórica, es una disciplina que abarca una serie de elementos fundamentales que, en conjunto, dan forma a discursos y argumentaciones efectivas y que en la actualidad siguen siendo vigentes.

## Elementos Clave de la Retórica:

**Logos, Ethos y Pathos**: La retórica se basa en los tres pilares del discurso persuasivo: logos (la apelación a la lógica), ethos (la credibilidad del orador) y pathos (la apelación a las emociones). Los retóricos expertos equilibran estos elementos para lograr un impacto óptimo.

**PILARES DE LA RETÓRICA**

**PATHOS**
Emoción
Sensaciones
Sentimientos
Involucramiento
Empatía

**ETHOS**
Credibilidad
Confianza
Respeto
Reputación

**LOGOS**
Temas
Tópicos
Lenguaje
Imágenes
Datos
Argumentos
Evidencias

En el corazón de la Retórica se encuentran estos pilares fundamentales que han sido elogiados y explorados a lo largo de la historia de la comunicación persuasiva: Ethos, Logos y Pathos.

Estos tres conceptos, aunque de origen antiguo, continúan siendo relevantes en el mundo contemporáneo, ya que proporcionan una base sólida para comprender cómo construir discursos efectivos y convincentes.

**Ethos**: el primer pilar, se refiere a la ética y la credibilidad del orador. Representa la imagen y la reputación que el comunicador proyecta ante su audiencia. La audiencia evalúa la credibilidad del orador según su experiencia, autoridad, integridad y moralidad. En otras palabras,

¿el orador es competente en el tema que está tratando? ¿Puede confiarse en su palabra? ¿Es una persona ética? El Ethos se construye a través de la presentación personal, la sinceridad y el respaldo de fuentes confiables. Cuando un orador establece un Ethos sólido, la audiencia está más dispuesta a escuchar y aceptar su mensaje.

**Logos**: el segundo pilar, se centra en la lógica y la razón. Representa la estructura y la solidez de los argumentos presentados en el discurso. La audiencia busca respuestas a preguntas como: ¿El argumento tiene sentido? ¿Está respaldado por evidencia sólida? ¿La secuencia de ideas es coherente y lógica? Un discurso convincente utiliza evidencia, estadísticas, ejemplos y razonamiento sólido para respaldar sus afirmaciones. El Logos es esencial para persuadir a una audiencia escéptica o analítica, ya que ofrece una base racional sobre la cual se puede construir un argumento convincente.

**Pathos**: el tercer pilar, se enfoca en las emociones y la empatía. Representa la capacidad del orador para conectar emocionalmente con la audiencia. ¿El discurso evoca emociones? ¿Hace que la audiencia se identifique con la causa o el tema? Pathos implica el uso efectivo de la narrativa, las metáforas y las historias personales para tocar el corazón de la audiencia. Un discurso con un fuerte componente emocional puede inspirar, conmover y motivar a la audiencia. Sin embargo, es importante usar el Pathos con responsabilidad, ya que las emociones mal dirigidas o manipuladas pueden tener un efecto negativo.

La combinación equilibrada de Ethos, Logos y Pathos es esencial para la persuasión efectiva. Cuando un orador demuestra credibilidad, presenta argumentos lógicos y genera empatía en su audiencia, está creando un discurso poderoso y convincente. Cada uno de estos pilares se refuerza mutuamente, y su interacción crea una sinergia que puede mover a la audiencia a la acción.

De tal manera, que, Ethos se relaciona con quién es el orador, Logos se relaciona con qué dice el orador y cómo lo respalda, y Pathos se relaciona con cómo el orador conecta emocionalmente con la audiencia. Comprender y aplicar estos tres pilares de la Retórica es esencial para comunicar de manera efectiva en una variedad de contextos, desde discursos políticos y comerciales hasta presentaciones académicas y charlas motivacionales. La maestría en Ethos, Logos y Pathos permite a los comunicadores no solo transmitir información, sino también influir y persuadir de manera significativa en el mundo de la comunicación contemporánea.

**Aristóteles**

# Importancia del Ethos y el análisis crítico del discurso a partir de él

El concepto de Ethos, en el análisis crítico del discurso (ACD), es un elemento crucial que ha sido explorado por numerosos teóricos y académicos. Autores como Dominique Maingueneau y Ruth Amossy han desempeñado un papel importante en la comprensión del Ethos y su aplicación en el análisis crítico del discurso.

Maingueneau, en su obra "Análisis de textos de comunicación», aborda el Ethos como una dimensión esencial del discurso. Para él, el Ethos se relaciona con la imagen que un hablante construye de sí mismo a través de su discurso. Esta imagen puede incluir aspectos como la autoridad, la legitimidad y la relación con la audiencia. El análisis crítico del discurso de Maingueneau se centra en desentrañar cómo los discursos construyen y proyectan diferentes Ethos para persuadir, convencer o movilizar a la audiencia.

Ruth Amossy, por su parte, se ha enfocado en el Ethos desde una perspectiva retórica y pragmática. En su obra «Los discursos del yo en la comunicación mediática», explora cómo los discursos mediáticos construyen el Ethos de los emisores, ya sean políticos, celebridades o líderes de opinión. Amossy subraya cómo el Ethos mediático es una construcción compleja que se basa en estrategias retóricas y discursivas, como la autorrepresentación, la autenticidad percibida y la credibilidad. El análisis crítico del discurso de Amossy se centra en desvelar las estrategias utilizadas en la construcción del Ethos y cómo estas estrategias afectan la persuasión y la influencia en la audiencia.

En cuanto a la relación con el análisis crítico del discurso, autores como Charadeau y Van Djick, también han explorado el papel del Ethos en el análisis de los discursos mediáticos y políticos. Patrick Charadeau, en su libro "El discurso político", aborda el Ethos como uno de los componentes fundamentales del discurso político y lo examina en relación con la construcción de la identidad del hablante y su impacto en la audiencia.

Van Djick, en "Poder y Medios de Comunicación», analiza cómo los medios de comunicación construyen el Ethos de las figuras públicas y políticas, y cómo esto influye en la percepción pública y la opinión política. Van Djick argumenta que el Ethos mediático desempeña un papel clave en la configuración de la agenda mediática y la influencia en la formación de la opinión pública.

Esta es la importancia del Ethos, pues es un componente esencial en el análisis crítico del discurso, y diversos autores han contribuido a su comprensión desde perspectivas retóricas, pragmáticas y mediáticas. Estos teóricos han demostrado cómo el Ethos es una herramienta poderosa en la construcción de la identidad del hablante, la persuasión y la influencia en la audiencia, y su análisis crítico es fundamental para desentrañar las estrategias discursivas y retóricas utilizadas en una amplia variedad de discursos, desde los políticos hasta los mediáticos.

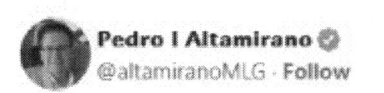

RetoricAcción "El Poder de la Palabra Hablada"

**Julio Anguita**

## La argumentación en la Retórica

Argumentar involucra el hecho de producir e aumentar la adhesión de un auditorio a las tesis que se presentan para su aprobación. Plantea influir sobre un auditorio, modificar convicciones, creencias o disposiciones mediante un discurso que se dirige y que busca ganar la adhesión de la audiencia, en lugar de imponer la voluntad por la imposición. La argumentación no sólo busca la adhesión puramente intelectual, sino que busca incitar a la **acción**, y/o crear una disposición hacia la misma también en el campo de emociones y sentimientos.

La argumentación desempeña un papel fundamental en la retórica al permitir que los discursos sean convincentes, persuasivos y efectivos. Aquí están los aspectos más importantes de la argumentación en el contexto de la retórica:

**Estructura Lógica:** Una argumentación sólida se basa en una estructura lógica y coherente. Los retóricos deben presentar sus ideas de manera ordenada y secuencial, asegurándose de que los puntos clave se desarrollen en un flujo lógico. La retórica implica la estructuración cuidadosa de discursos. Una forma de estructurar los argumentos es: introducción, desarrollo y conclusión, utilizando estrategias como el exordio y la peroratio para captar la atención y dejar una impresión duradera.

**Tesis Clara**: Cada discurso retórico debe tener una tesis clara y definida. La tesis establece la posición del orador sobre un tema y guía la dirección del discurso. Es esencial para que la audiencia comprenda el propósito y el enfoque de la presentación.

**Pruebas y Evidencia**: Las pruebas y la evidencia respaldan las afirmaciones del orador. La retórica se basa en la presentación de hechos, datos, ejemplos y expertos para demostrar la validez de los argumentos y persuadir a la audiencia de la posición del orador.

**Razonamiento Persuasivo**: Los retóricos emplean diferentes formas de razonamiento, como el razonamiento inductivo y deductivo, para persuadir a la audiencia. Utilizan lógica sólida para conectar premisas y conclusiones, lo que refuerza la credibilidad de sus argumentos.

**Contra argumentación:** La retórica incluye la consideración de posibles objeciones o puntos de vista contrarios. Los retóricos deben abordar estas contra argumentaciones de manera efectiva, refutando las objeciones y fortaleciendo su propia posición.

**Figuras Retóricas:** Las figuras retóricas, como las metáforas, las analogías y las antítesis, se utilizan para resaltar y enfatizar los puntos clave de la argumentación. Estas figuras añaden estilo y emoción al discurso, lo que atrae la atención y aumenta el impacto.

**Auditoría:** La audiencia es un factor crucial en la argumentación retórica. Los retóricos deben considerar las creencias, valores y perspectivas de la audiencia al construir sus argumentos. Adaptar la argumentación a la audiencia aumenta la probabilidad de persuasión exitosa.

EMMA WATSON

# Ética Argumentativa

La ética es esencial en la argumentación retórica. Los retóricos deben mantener la honestidad, evitar manipulaciones engañosas y presentar información precisa y verificable. La ética argumentativa fortalece la credibilidad del orador y su mensaje.

En la retórica, la argumentación se convierte en la herramienta principal para convencer y persuadir a la audiencia. La combinación de una estructura lógica, pruebas sólidas, razonamiento persuasivo y consideración de la audiencia crea un discurso efectivo y poderoso que puede influir en las opiniones y acciones de quienes lo escuchan.

La argumentación, es un modo de organización del discurso (Charaudeau 1992), es decir, una actitud mental que consiste en describir el porqué y el cómo de las cosas y debe observar una estructura básica considerando las siguientes categorías:

**Hipótesis:** Idea a discusión.

Orden de los argumentos que sustentan la hipótesis

Contra-argumentos, premisas que objetan argumentos contrarios a los presentadosz

Refutación de los contra-argumentos

**La argumentación** puede construirse bajo dos esquemas:

Esquema Deductivo: Va de lo general a lo particular

Esquema Inductivo: Va de lo particular a lo general.

# Tipos de Argumentos

Existen varios tipos de argumentos que se utilizan en los discursos para persuadir y convencer a la audiencia. Estos argumentos se basan en diferentes enfoques y estrategias para respaldar las afirmaciones. Algunos tipos de argumentos comunes:

1. Argumentos de Hecho (Fácticos): Estos argumentos se centran en afirmaciones verificables y objetivas sobre la realidad. Los oradores presentan pruebas y evidencia para respaldar sus afirmaciones. Por ejemplo, citar estadísticas, estudios científicos o datos históricos para respaldar un punto.

2. Argumentos de Definición: En estos argumentos, los oradores definen un término o concepto de manera específica para respaldar su posición. Pueden discutir cómo se define un concepto en una disciplina particular o en un contexto específico.

3. Argumentos de Causa y Efecto: Estos argumentos se dirigen a establecer una relación causal entre eventos o situaciones. Los oradores explican cómo un evento lleva a otro y presentan evidencia para respaldar esta relación causal.

4. Argumentos de Valor: En estos argumentos, las y los oradores evalúan algo en términos de valor, ya sea ético, moral o estético. Discuten si algo es bueno o malo, valioso o no valioso, y respaldan su evaluación con razones y ejemplos.

5. Argumentos de Política: Se centran en propuestas de acción o cambio en políticas, leyes o prácticas. Las y los oradores presentan razones para apoyar una política específica y explican cómo beneficiaría a la sociedad.

6. Argumentos de Comparación: Los argumentos de comparación implican contrastar dos o más cosas para demostrar por qué una es mejor que la otra. Los oradores pueden comparar productos, enfoques, soluciones, etc., para respaldar su elección.

7. Argumentos de Autoridad: En estos argumentos, los oradores citan expertos o fuentes de autoridad en el campo para respaldar sus afirmaciones. La autoridad de la fuente aumenta la credibilidad de la argumentación.

8. Argumentos de Analogía: Los oradores utilizan analogías para comparar dos situaciones o elementos similares para respaldar su posición. Si algo es cierto en una situación, argumentan que también debe ser cierto en otra situación similar.

9. Argumentos de Emoción (Patéticos): Estos argumentos apelan a las emociones de la audiencia para persuadir. Los oradores utilizan historias conmovedoras, imágenes vívidas y lenguaje emotivo para generar una respuesta emocional y respaldar su posición.

10. Argumentos Ad Hominem: Aunque menos deseables desde el punto de vista ético, estos argumentos atacan al carácter o credibilidad del oponente en lugar de abordar directamente el argumento. A menudo se utilizan para desacreditar a la persona en lugar de refutar sus puntos.

Es importante tener en cuenta que los tipos de argumentos no son mutuamente excluyentes y a menudo se entrelazan en un discurso. Los oradores hábiles seleccionan los tipos de argumentos que mejor respalden su posición y se adaptan a la audiencia para lograr una persuasión efectiva.

Tratado-de-la-argumentacion-...-Perelman-y-Olbrechts.pdf

Escanear Código QR

## La Oratoria: La Voz de la Convicción

La oratoria se concentra en la habilidad de comunicar con pasión, persuasión y claridad. Es un arte que implica el uso de la voz, el lenguaje corporal y las emociones para cautivar y mover a la audiencia. Aquellos que dominan la oratoria tienen la capacidad de inspirar y motivar a otros mediante discursos poderosos y presentaciones impactantes.

El diccionario define a la Oratoria como "Arte", pero ¿por qué si está considerada como tal, no marcha unida a otras artes, tales como la literatura, la música o la pintura?

Arte, dice Carlos Pellicer, es toda obra generadora de luz.

> **"El arte de deleitar, persuadir, convencer, conmover, entretener e informar a un público"**

De esta definición podemos identificar las funciones del discurso, que nos permite al mismo tiempo establecer los distintos tipos de oratoria que existen, que son a saber:

1. Oratoria Académica
   - Ponencia
   - Conferencia

1. Oratoria Comercial o Empresarial
2. Oratoria Sagrada
3. Oratoria Social
4. Oratoria Forense

5. Oratoria Política

- Militar (Arenga)
- Parlamentaria
- Popular

La Oratoria es una obra de arte según lo expresa el Maestro José Muñoz Cota al afirmar: «El orador es orfebre, concibe la pieza en conjunto, pero luego la moldea fragmentariamente con sus más modernas herramientas y sus recursos más auténticos».

Un discurso no es una forma muerta, en el florecen los más puros ideales, las inquietudes creadoras más legítimas y refleja el anhelo del hombre por plasmar su imaginación en el mundo tangible, en el mundo de las ideas.

El reto impuesto a la Oratoria es, el comprender, que para esta su vida es relativamente fugaz. Su medio es la inteligencia, la conciencia, la imaginación de quienes la escuchan, el ingenio, disciplina, conocimiento, agilidad y experiencia del orador, que con habilidad y singular maestría logrará su objetivo: dejar en la mente, en el alma de quien lo escucha, un mensaje que trascienda, que resuene y que mueva a la acción a la audiencia.

Es importante aclarar así mismo, que el orador tiene y tendrá siempre un compromiso de vida, no solo con quienes lo escuchen sino con el mismo. Pues si afirmáramos juntos con Gambeta que: «Solo están mudos los pueblos y los hombres esclavos", entonces tendremos que reconocer que el orador tiene una responsabilidad ética, y moral ante quienes lo escuchen.

Es por eso, que al maestro Muñoz Cota afirmaba, que el orador debe ser un hombre de palabra, pues en ella empeña su vida y es responsable y solidario con las causas del pueblo, y si es cierto que « La elocuencia es el termómetro de la libertad», entonces la tarea que ocupa un orador no solo es la artística, pues comprendemos que el poder de la palabra es infinito.

https://www.lavanguardia.com/cultura/20111114/54238882006/la-oratoria-un-arte-que-se-pierde.html

Es importante señalar, que, la Oratoria implica la capacidad para aplicar la retórica y la dialéctica a un discurso hablado, y considera la convicción previa del orador, el trabajo profundo, pues como afirmaba Chaignet hace un siglo, la convicción, que es el objetivo de la ciencia, era cosa de un hombre individual consigo mismo, mientras que la persuasión, que es la meta de la Retórica, era siempre cosa de dos, el que persuade y el que se deja persuadir.

Sin la necesaria convicción del orador sobre el asunto o tema que versa el discurso, no se podrá establecer ese nexo necesario de congruencia, el cual es percibido por la audiencia, quien evalúa si las palabras dichas, si las frases emitidas son ciertas, al menos para quien habla, si hay convencimiento habrá congruencia, sin este el orador se convierte en un repetidor de ideas.

Es por ello, que la preparación del orador es y debe ser una constante, para ello la disciplina es esencial para quien aspire a tener un impacto significativo en su audiencia y dominar la palabra hablada, pues no solo se refiere a la capacidad de mantener un enfoque constante en la mejora de las habilidades oratorias, sino también a la dedicación para prepararse a fondo, practicar regularmente y mantener una ética de trabajo constante.

Para el sustento de la disciplina, hemos de tener en cuenta lo siguiente:

**Mejora Continua**: La disciplina impulsa al orador a esforzarse constantemente. La oratoria es un arte en constante evolución, y la disciplina permite al orador perfeccionar sus habilidades, pulir su estilo, añadir conocimiento día con día, investigar sobre temas de actualidad, conocer las motivaciones de las personas, de los distintos públicos, y, en consecuencia, adaptarse a diferentes audiencias y contextos.

**Preparación Rigurosa:** Un orador disciplinado se toma el tiempo necesario para investigar y recopilar información precisa y relevante sobre el tema o asuntos que va a tratar. La preparación rigurosa garantiza que el discurso esté bien fundamentado y que el orador pueda responder a preguntas o desafíos con confianza.

> Cuentan de Churchill que el era un orador sumamente riguroso y disciplinado, el mismo afirmaba que no se presentaba ante ningún tipo de audiencia sin haberse preparado previamente, practicado y comprendido a la perfección el asunto sobre el cual disertaría.

**Práctica Consistente:** La práctica es esencial para afinar la fluidez y la expresión verbal. Un orador disciplinado dedica tiempo regular para practicar la entrega del discurso, trabajando en la entonación, los gestos y el ritmo. La práctica constante también ayuda a reducir los nervios y el miedo escénico.

**Dominio del Contenido**: La disciplina conduce a un profundo dominio del contenido del discurso. El orador disciplinado se sumerge en el tema, comprende sus matices y puede comunicar con autoridad y confianza, lo que genera credibilidad ante la audiencia.

**Estructura y Organización:** La disciplina se refleja en la habilidad del orador para estructurar y organizar su discurso de manera efectiva. Un discurso bien organizado es más fácil de seguir y permite que las ideas sean presentadas de manera coherente y lógica.

**Gestión del Tiempo:** La disciplina implica respetar los plazos y limitaciones de tiempo establecidos para el discurso. Un orador disciplinado planifica cuidadosamente la duración de su presentación y se asegura de cumplir con el tiempo asignado, evitando extenderse innecesariamente.

**Impacto en la Audiencia:** La disciplina tiene un impacto directo en la audiencia. Un orador que muestra dedicación es más propenso a captar la atención, generar interés y transmitir un mensaje convincente. La audiencia aprecia el esfuerzo y la seriedad del orador.

De tal manera que, la disciplina es la columna vertebral de un orador efectivo y persuasivo, ya que proporciona la base para la mejora continua, la preparación rigurosa y la entrega confiada. Un orador cuidadoso no solo cautiva a su audiencia, sino que también se convierte en un comunicador poderoso que puede influir, inspirar y dejar una impresión duradera en cada discurso que pronuncie.

Decía Cicerón que un talento natural sin método, ni ejercicio termina por diluirse en la banalidad. La oratoria y la retórica requieren de disciplina y trabajo arduo, a través de estos se logrará dominar la palabra hablada.

Entre los elementos clave, considerados por los griegos y que se han de tomar en cuenta para el adecuado desarrollo de las cualidades que deben integrar al orador, encontramos los siguientes:

# CUALIDADES
## DEL ORADOR/ORADORA

### FÍSICAS
- PRESENCIA
- VOZ
- GESTOS Y ADEMANES

### INTELECTUALES
- MEMORIA
- IMAGINACIÓN
- CONOCIMIENTO
- PREPARACIÓN

### MORALES Y DE CARÁCTER
- ÉTICA
- HÁBITOS
- HONRADEZ

Entre estas cualidades, además, habrán de considerarse los siguientes aspectos:

**Expresión Emocional:** Los oradores habilidosos comprenden que las emociones son la clave para captar la atención y mantener el interés de la audiencia. Utilizan la variación tonal, el volumen, el ritmo, los gestos, ademanes, posición del cuerpo, así como el contacto visual para transmitir emociones auténticas y conectar con los oyentes en un nivel profundo.

**Utilización de Narrativa:** Las historias son una herramienta poderosa en la oratoria. Los oradores hábiles utilizan anécdotas y ejemplos vívidos para ilustrar puntos clave y hacer que los conceptos abstractos cobren vida.

**Lenguaje Persuasivo:** La oratoria se basa en el arte de la persuasión. Por ello es importante y necesario el uso de un lenguaje convincente, apoyado en estructuras y argumentos sólidos sustentados en pruebas que respalden sus afirmaciones, así como la utilización de palabras que generen estados emocionales en la audiencia.

ALAN GARCÍA

## Coincidencias y Síntesis

Si bien la oratoria y la retórica difieren en sus enfoques, se complementan entre sí para crear comunicadores verdaderamente efectivos. La oratoria aporta la emoción y la conexión personal que pueden cautivar a la audiencia, mientras que la retórica aporta la estructura lógica y las herramientas para construir argumentos persuasivos y coherentes.

Dominar ambas disciplinas permite a los comunicadores fusionar la pasión con la precisión, logrando presentaciones poderosas y convincentes. Un orador que incorpora elementos emocionales cautivadores con argumentos lógicos y estructurados se convierte en un comunicador completo, capaz de influir y persuadir en todos los ámbitos.

El dominio de la palabra hablada implica comprender y aplicar tanto la oratoria como la retórica. Al integrar la pasión con la lógica, y las emociones con los argumentos, los comunicadores pueden alcanzar niveles excepcionales de maestría, dejando una impresión duradera en la audiencia y logrando un impacto significativo en el mundo que los rodea.

# 2 CUALIDADES QUE DEBE POSEER EL ORADOR

# CUALIDADES QUE DEBE SATISFACER EL ORADOR

## Cualidades físicas: La Presencia

La imagen general que el orador debe poseer frente a un grupo influye positiva o negativamente en su disposición para aceptar o rechazar el mensaje siempre, en todo momento.

Los antiguos griegos afirmaban que el orador debía lucir como "una escultura viviente". A lo que se referían es a la importancia de la presencia del orador. Esta tiene que ser impactante, generar confianza y credibilidad en pocos segundos. Desde que se levanta de su lugar para tomar el pódium o pararse frente a la audiencia en el escenario, su paso debe ser firme, su postura cuidada y cada detalle de su vestimenta, accesorios y maquillaje cuidados con suma atención.

El orador debe transmitir una imagen de poder en cada detalle, incluso los colores y estilo de vestuario que se utilizarán para la presentación atendiendo perfectamente al análisis previo que se realizó del público antes de la presentación.

Si quien va a subir a tribuna, por ejemplo, lo hará frente a un grupo de jóvenes estudiantes universitarios, deberá buscar en su presencia aquellos detalles, que, sin dejar de ser auténtico y propios de quien hablará, permitan la generación de empatía o **"rapport"** con el público.

Lo mismo ocurrirá ante un grupo de empresarias y empresarios o bien frente a integrantes de un sindicato, asociaciones civiles, o ante un grupo de colegas, electores, etc., se tiene que tener bien identificado al público.

**Jacinda Ardern**

Es importante señalar que la imagen del orador se genera antes de que empiece a hablar frente al público, desde el momento que lo presentan y se dirige hacia el pódium o el lugar reservado para su presentación, esos segundos utilizados para plantarse frente al público juegan un papel central de comunicación no verbal del orador o de la oradora.

En este sentido, también hemos de señalar la importancia de estar consciente en estos primeros segundos de los gestos, del uso de las manos o el movimiento del cuerpo pueden demostrar el nerviosismo, falta de seguridad generando en el público una imagen del orador en pocos segundos.

Por ello, los antiguos griegos hablaban de una "escultura viviente". Un orador bien plantado en el escenario, con dominio total, evitará posturas que puedan descomponer esa imagen que debe transmitir de seguridad y confianza.

También se debe considerar el evitar movimientos innecesarios durante la presentación que puedan convertirse en distractores, lo cual disminuiría la imagen del orador . Si el discurso que se va a presentar es una breve pieza oratoria, de unos cuantos minutos, resulta importante el evitar moverse excesivamente en el escenario, pues ello puede generar una imagen de nerviosismo y poco control personal, Además al plantarse firmemente ante el auditorio en un mensaje breve permite apoyarse en otros aspectos como la gestualidad, los ademanes, el tono de voz, etc., que darán mayor fuerza al discurso.

Es importante plantarse con seguridad frente al auditorio o frente al podio, en el caso de este último debe evitarse "abrazarlo" o "reposar" en él, el oficio del pódium es permitir colocar en él documentos, si es que se llevan a la presentación, el micrófono y quizá un vaso con agua. Su función de ninguna manera es para que el orador se apoye por completo en él o lo abrace, ante el pódium las manos deben también fluir libremente, pues son parte de esa comunicación no verbal importantísima en el orador, el complemento perfecto del mensaje.

En el caso de discursos largos, caso de conferencias o ponencias de larga duración, es permitido, incluso útil, el desplazarse en el escenario, pero no con exceso, es importante cuidar que ese movimiento no se convierta en un "distractor" o bien que mine la presencia en el escenario. Una "variación al estímulo" a través del movimiento resulta útil si se sabe manejar en forma adecuada.

Uno de mis grandes maestros de programación Neurolingüística el Dr. Luis Jorge González, era más que hábil en el escenario, un gran orador. Recuerdo como aprovechaba cada recurso de su persona para lograr entregarnos mensajes significativos, memorables y poderosos. Dominaba durante horas el espacio en el que se desenvolvía, lo que lograba que mantener la atención de la audiencia.

Tengo fresco en mi memoria y con claridad una de sus conferencias magistrales en las que nos explicaba de las dos grandes motivaciones de las personas: una era evitar el dolor y la otra atraer el placer. Como experto programador Neurolingüista, conocedor de la importancia de la neurofisiología, en cada ocasión que hablaba del dolor se dirigía a la izquierda del escenario y cuando se refería a ejemplos o situaciones de placer se ubicaba en el lado derecho del mismo. Lo hacía con maestría, movimientos suaves, bien dirigidos... Esta de sobra decir, que lo que el hizo aquel día, lo que dijo y como nos transmitió sus emociones generando en cada asistente atención, retención y sentimientos, que produjeron el más alto interés de nosotros como audiencia, así como el aprendizaje generado a través de la utilización de cada recurso oratorio y retórico para robustecer su discurso. El resultado fue más que evidente, pues, cuando salimos a un breve descanso, varios habían notado esa capacidad de su comunicación no verbal y el poder de su presencia, además del conocimiento profundo del tema.

**La presencia del orador, no es meramente el "pararse" frente a un público, es dominar el propio cuerpo para lograr con ello transmitir mensajes que se presenten de la manera correcta en cada acción que se ejerce ante el público. Es ese poder total y conciencia plena de lo que comunicamos con nuestro cuerpo. Esa presencia que puede transmitir, como ya lo comentamos, seguridad, confianza, poder, empatía, incluso elegancia y gallardía, a través de la cual se domina el escenario.**

Además, al plantarse en el escenario con los pies firmes y evitando movimientos innecesarios, permite desarrollar el lenguaje no verbal con más eficiencia y da la imagen de un orador que se domina a sí mismo.

Por último, brevemente, subrayamos que, la presencia del orador no tiene que ver con la belleza física como un atributo sin el cual no conseguirá conmover, convencer, persuadir, etc., a su público. El atractivo no es un requisito en oratoria. Muchas y muchos de los grandes oradores desarrollaron su poder personal al margen de los cánones de belleza, se centraron en desplegar personalidades cautivadoras a través de su presencia, de su mirada, de su voz, de su comunicación no verbal que transmite esa seguridad inigualable, tal es el caso de tantos, que que han detonado su poder como oradores a través de esa presencia majestuosa.

CUALIDADES QUE DEBE SATISFACER EL ORADOR

**Los primeros 30 segundos son determinantes para la oradora o el orador, por lo que, una buena imagen:**

Influirá positivamente en el público
Generará confianza y credibilidad
El público aceptará más fácilmente el mensaje
Dominará con sus atributos y presencia al público
Poner atención en la imagen general y lo que se busca comunicar a través de: Ropa, calzado, accesorios, colores que se eligen; peinado y maquillaje

RONALD REAGAN

# Voz

**El vehículo de la comunicación hablada es la voz**

Sabemos que la voz se genera mediante las vibraciones que las cuerdas vocales, como resultado de la fuerza del aire espirado que pasa entre ellas produce. Si aprendemos a regular nuestra voz, nuestra exposición tendrá claridad y belleza de timbre, tono adecuado; y en general, nuestra elocución será melodiosa, acorde al contenido de nuestro mensaje.

La voz para ser correcta debe iniciar por una correcta respiración, para poder salir por la nariz y boca simultáneamente, así tendrá timbre y plenitud, será placentera y resonante. Si cortáramos el viaje de la voz obligaríamos a una producción impropia; es decir, si al hablar no abrimos bien la boca, tendremos un tono de voz nasal, que es pesada, delgada y pobre. Si, por otro lado, cortamos los senos, y permitimos que el tono se refuerce solamente con la cavidad bucal, produciremos una voz gruesa y gangosa.

Para lograr una voz potente, bella, clara, melodiosa, es necesario reconocer los métodos para la impostación de la misma.

He aquí algunos ejercicios de impostación que utilizaremos:

Comencemos por **respirar** adecuadamente, ello nos permitirá:

   a) Relajación y Control de la Ansiedad
   b) Proyección de voz
   c) Mejorar tu Dicción
   d) Discurso uniforme sin ahogarte al hablar en público

Para lograr esta respiración adecuada, hemos de aprender la respiración diafragmática que es un tipo de respiración relajante que usa el diafragma, el cual es un músculo que se encuentra debajo de las costillas y arriba del estómago. Con este tipo de respiración, el diafragma ocasiona que el estómago, en vez del pecho, suba y baje.

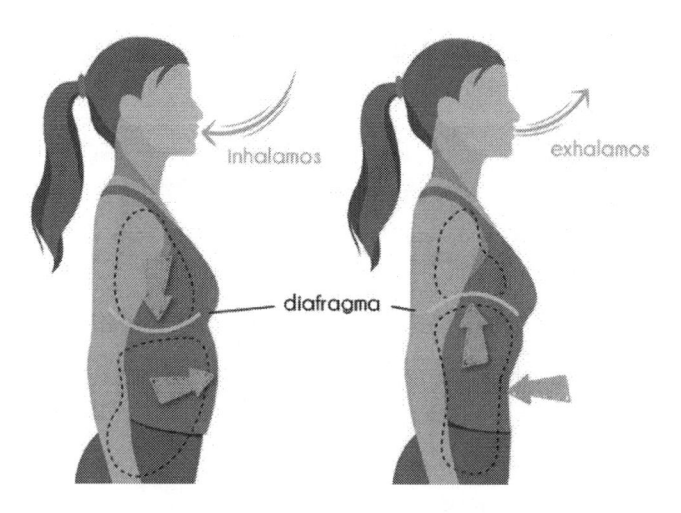

Esta respiración es el principio para aprovechar nuestro órgano de fonación y potencializarlo.

El habla se produce cuando el aire pasa desde los pulmones, por las vías respiratorias (tráquea) y a través de la caja laríngea (laringe). Esto provoca una vibración en las cuerdas vocales vibren, y se crea sonido

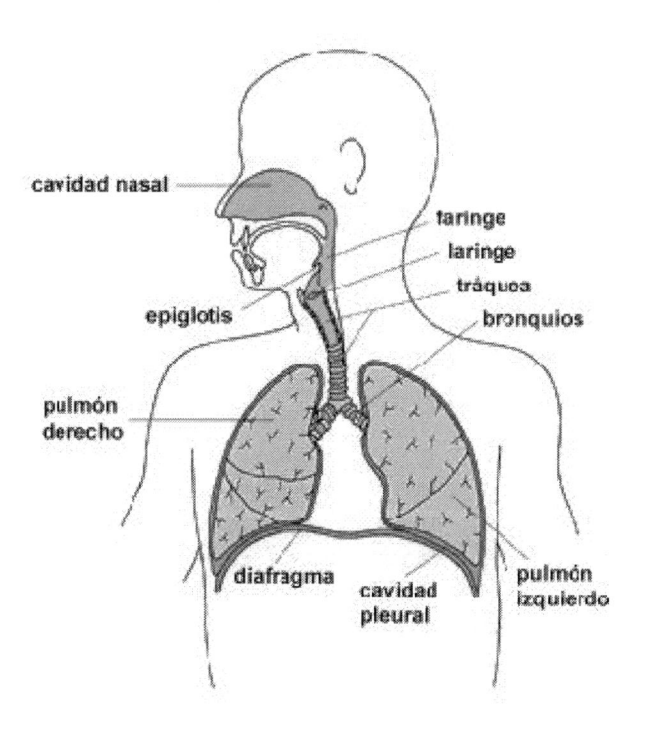

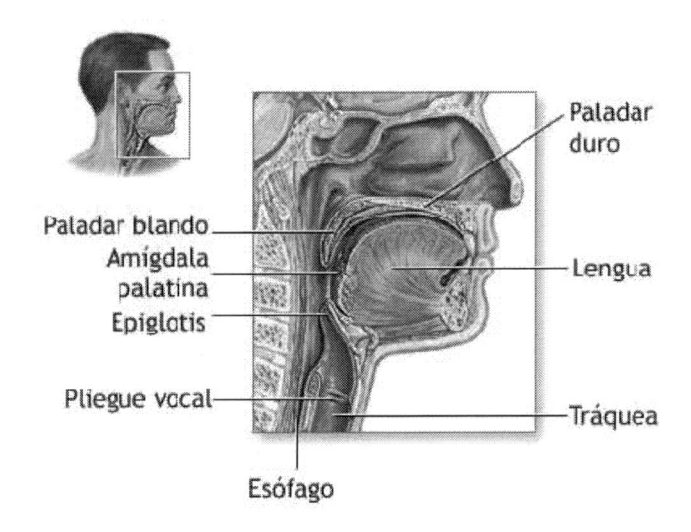

Después de respirar diafragmáticamente, comenzaremos por emitir clara, distinta y prolongadamente, cada una de las vocales, como si cantáramos, procurando exagerar los movimientos abriendo la boca ampliamente en cada vocal, pues ello permite que aprovechemos al máximo nuestra cavidad bucal que funciona como una campana de resonancia, por lo que, si cerramos la boca o colocamos un lápiz en ella, lo que estaremos haciendo es "matar" el sonido.

Entonces empecemos nuestro ejercicio respirando y abriendo la boca ampliamente, emitiendo la primera vocal durante cinco segundos "aaaaaaaa...", repetimos respiración y emisión de la letra que corresponda por los mismos 5 segundos, repetir las veces que sea necesario hasta sentir que se ha pronunciado claramente cada vocal, y que el sonido es uniforme y potente.

También podemos aprovechar este ejercicio haciendo una variación para trabajar con nuestro "Tono medio de voz". Igualmente iniciamos respirando, abrimos la boca ampliamente y vamos a emitir el primer sonido durante algunos segundos, pero en esta ocasión durante la emisión bajamos un tono, regresamos al tono en el que iniciamos y por último subimos un tono. Es importante estar conscientes en qué tono es en el que sentimos que no forzamos la voz, que esta sale con naturalidad, mayor plenitud y fuerza, pues ese será nuestro **tono medio de voz**.

Este trabajo nos permite desechar los malos hábitos en el uso de la voz, es decir, los tonos aprendidos y modelados pero que no corresponden a la persona. Puede ocurrir que a las mujeres se les haya inculcado a usar un tono de voz más agudo, por considerarse más femenino o en el caso de los hombres a bajar el tono de voz lo más grave posible. Cuando no es el tono natural del hombre, en ambos casos se lastimará constantemente las cuerdas vocales.

Este ejercicio también nos tiene que ayudar para detectar si estamos usando una voz gutural (ubicada en la garganta), un tono nasal (ubicado en la nariz) y que en ambos casos empobrece el sonido.

De la misma forma que se realizó con las vocales, ahora procederemos con las consonantes, formando combinaciones o grupos consonánticos como PR, PL o BL, así las que nosotros vayamos imaginando, posteriormente procederemos a las combinaciones de dos consonantes con una vocal, por ejemplo: pra, pre, pri, bra, bre, bri. Recordemos que debemos abrir nuestra boca ampliamente, esto nos ayudará a articular debidamente durante una presentación.

Cuando hayamos dominado el tono medio de voz, así como articulación, procuremos leer en voz alta, en nuestro tono medio de voz, sin cambiarlo. Hagámoslo con un párrafo, procurando hacer las pausas y respirando en ellas correctamente, marcando cada letra, cada sílaba, sin entonación pues el objetivo de este ejercicio será la articulación y la dicción, aprender a trabajar y a utilizar cada letra de cada sílaba que forman cada palabra.

Estos ejercicios deben realizarse diariamente, es la manera en la que garantizaremos tener nuestro órgano de fonación en óptimas condiciones y listo en cualquier momento. El entrenamiento constante permitirá que podamos hablar por largos periodos sin lastimar nuestro valioso recurso: La Voz.

## Además...

En cuanto a la **puntuaci**ón, y la entonación, es necesario recordar, que cuando hablamos es imprescindible entonar bien para que quien nos escuche pueda entender nuestro mensaje. Igualmente tenemos que saber interpretar y utilizar los signos de puntuación para leer con fidelidad un mensaje escrito o para expresar claramente lo que sentimos. Cuando hagamos el ejercicio de leer cada letra y cada sílaba, hagamos pausas en los signos de puntuación marcadas. Esta parte del ejercicio nos ayudará a manejar pausas y silencios también en nuestra presentación, además permitirá que tengamos un ritmo y velocidad adecuadas. La misma articulación, permite regular ambas.

La Voz, también debe cuidar el volumen de la voz, este debe ser suficientemente alto para que todo el auditorio escuche perfectamente, aun lo que están sentados en las ultimas filas, pero no utilizar un volumen tan alto que moleste a las primeras filas.

También el volumen ha de permitirnos, al modularlo, manejar énfasis en nuestro discurso.

Recordemos que, al utilizar correctamente, volumen, velocidad, tono y articulación contribuirá a enfatizar algunas ideas o conceptos importantes. No hacer estos cambios nos llevarpia a mantener siempre el mismo tono de voz, lo cual seria extremadamente monótono.

La velocidad adecuada para hablar puede variar de un expositor a otro, pero en todo caso, conviene verificar que no se esta hablando tan lentamente que provoque aburrimiento, ni tan aprisa que genera ansiedad en el publico.

**Silencio y pausas** cumplen diversas funciones y duraciones variables:

- Separan a la mayor parte de los grupos fónicos, los segmentos de palabras que dan forma al habla).
- Marcan articulaciones gramaticales (aproximadamente el 50% de las pausas se producen en los puntos y en las comas, dando lugar a muchas de las inspiraciones necesarias para la supervivencia y alimentación del aparato fonador).

- Generan expectativa, dan tiempo para encontrar la palabra justa o para pensar, indican desconcierto, reprobación, indignación.
- Permiten el ingreso del aire necesario para la respiración, cuando hay frases largas sin pausas aprovechables, sobre todo en las locuciones de alto consumo de aire (volumen alto, tono bajo, velocidad alta).
- Exceptuando a las que responden a la necesidad de respirar, las pausas suelen dividirse también en lógicas y emocionales.

## Presentacion, Posicion y Saludo

**Presentación**

Como ya lo describimos en un apartado anterior, la impresión que un orador causa ante su público desempeña un papel determinante en la receptividad de su mensaje y en la construcción de confianza y credibilidad. Cuando uno se presenta en un escenario, está expuesto a una evaluación constante por parte de los oyentes, lo que subraya la importancia de causar una buena impresión desde el primer momento. Implica cuidar todos los detalles de la presentación personal, desde la elección de la ropa que se utilizará, hasta el estado de ánimo proyectado, pasando por aspectos como el peinado y el maquillaje. Estos elementos contribuyen a la percepción general que el público tendrá del orador o oradora.

El nivel de credibilidad es un factor crucial en la comunicación. Algunos oradores tienen la capacidad de generar confianza de manera natural. La credibilidad se basa en gran medida en la percepción de seguridad, o la falta de ella, que proyecta el expositor. Cuando se detecta inseguridad, nerviosismo o dudas en el discurso de un orador, resulta difícil convencer al público de la veracidad, interés o relevancia de lo que se está comunicando. Por lo tanto, es esencial que los oradores proyecten una imagen de seguridad y confianza en su discurso. Esto les otorgará la presencia necesaria para enfrentar a su audiencia y, de forma natural, transmitir una imagen atractiva que facilite la comunicación efectiva.

Para fortalecer la presencia y la credibilidad, es esencial prestar atención a los siguientes aspectos:

**1) Honestidad**: La seguridad en el discurso se deriva en gran medida de la convicción del orador en el tema que está tratando. Las dudas relacionadas con la claridad, relevancia, oportunidad o importancia del tema se reflejarán en su presentación y dificultarán la motivación, el interés y la persuasión de la audiencia. Estas dudas disminuyen significativamente la presencia y la credibilidad del expositor.

**2) Conocimiento**: La audiencia espera que el expositor posea un conocimiento sólido y profundo sobre el tema que está abordando. La falta de conocimiento, la falta de información o el dominio deficiente del tema son percibidos de inmediato por el público y pueden generar desconfianza. La preparación exhaustiva y la transmisión ordenada y clara de los conocimientos demuestran la competencia del orador.

**3) Dinamismo**: Además de la honestidad y el conocimiento, el orador debe proyectar una gran seguridad en sí mismo. La seguridad se refleja en la postura, el lenguaje corporal, la voz y la forma en que se manejan los imprevistos durante la presentación. La combinación de estos elementos contribuye a la construcción de una presencia sólida y una credibilidad sólida.

La comunicación efectiva en cualquier entorno, ya sea en un escenario, una sala de conferencias o una reunión virtual, requiere de una cuidadosa consideración de la impresión que el orador proyecta y de su nivel de credibilidad. Al prestar atención a la honestidad en el discurso, el conocimiento sólido del tema y la proyección de seguridad mediante el dinamismo, el orador podrá establecer una conexión más sólida con su audiencia y lograr que su mensaje sea percibido con mayor confianza y aceptación.

# Posición

Una forma de demostrar seguridad y confianza en la tribuna es evitar movimientos innecesarios y que distraigan la atención del auditorio y derive esta hacia lo que hace y no hacia lo que dice el orador. Para discursos breves se recomienda que el orador se sitúe en la tribuna y permanezca en ese lugar sin desplazamientos durante el tiempo de su exposición. Para seguridad y aplomo se recomiendo una posición firme, pero sin rigidez, con los brazos sueltos a los lados dl cuerpo, pues de esta manera fluirá el ademán naturalmente; los pies separados de 15 a 20 cms. y uno adelantado ligeramente con relación al otro. Así se garantiza estabilidad y se evitan los balances laterales y frontales.

Jamás hay que esconder los brazos; no deben cruzarse al frente; no se deben guardar las manos en las bolsas, etc.; estas posiciones además de defectuosas limitan la producción de ademanes y distraen la atención del público.

La adecuada ubicación en el podio también es importante, la utilidad de este es para la colocación de documentos, micrófono y un vaso con agua, como ya habíamos comentado. La distancia correcta será de alrededor de unos 20 cms., lo que permitirá que la comunicación no verbal sea la adecuada, permitiendo ademanes y postura correcta.

**VOLODÍMIR ZELENSKI**

## Saludo oratorio

La cortesía es fundamental en todo acto. Como principio elemental esta el saludo que debemos entregar en toda presentación.

Para el orador es una necesidad seguir provocando buenas impresiones; por eso, el orador, mas que nadie, debe cuidar su correcto saludo. Se debe evitar dar las buenas noches, los buenos días o saludar individualmente, sino que lo hará en forma genérica, nombrando en primer lugar a quien preside, y en orden jerárquico a los que le siguen en categoría, rango o puesto que desempeñan, para luego abarcar a todo el conjunto con las palabras: **Damas y Caballeros; distinguido auditorio; Señoras y Señores; etc.**

Hemos siempre de considerar, que antes de dirigirse al auditorio, se deberá otorgar el agradecimiento a la persona que lo presente, quien le extendió la invitación, quien organizó el evento, etc., y debe hacerlo sin importar su categoría. Esto es un protocolo que se debe observar y que el publico reconocerá.

**Evitemos los discursos dentro de los discursos en el saludo**

En últimas fechas hemos observado como los oradores se refieren, en muchas ocasiones, y sobre todo en actos de índole político, a cada integrante del presídium con sendos mensajes respecto a su personalidad y trayectoria, reconociéndoles, alabando la amistad que mantienen, su importancia, etc.

Se vuelve un "Discurso social" dentro de un discurso político. En ocasiones les lleva un largo tiempo este tipo de saludo oratorio. El cual podríamos dejar de lado sin que ello modificará nuestra intención de reconocer a las personalidades que nos acompañan, ya tendremos oportunidad de reconocerlos en algún evento que sea organizado con ese fin: honrar a una personalidad o personaje del partido, la comunidad académica, reconocer a un liderazgo comunitario, etc.

Este tipo de saludo largo, implica el tomar tiempo de su presentación, minutos que impedirán que el discurso sea ágil y ameno. Por ello, recomendamos, evitar en lo posible estos largos saludos y permitir que sea el o la maestra de ceremonias quien realice estas presentaciones protocolarias, aprovechemos uno de nuestros recursos en tribuna invaluables: "El Tiempo" y demos valor a nuestro discurso central.

## Contacto Visual

Al estar frente a un auditorio sintiendo las miradas, provoca, que muchas veces, experimenté nerviosismo. A medida que la tensión ataque al individuo, en el caso especifico de un expositor, este puede perder el control de sí mismo, de las ideas y, algo aún mas importante, de su público.

Es importante saber utilizar el contacto visual, como herramienta de retroalimentación de la actuación propia.

La oratoria requiere de una plena identificación entre el orador y el público, ya que no se habla ante un auditorio estático, sino ante una audiencia que vibrará en la medida en que imprimamos emoción a nuestras palabras.

Es por esto, también, que el orador debe tener siempre presente esta condición de mantener un contacto visual permanente con el auditorio, pues el público es el mejor termómetro para saber si lo que se dice está provocando el resultado esperado, o si por el contrario produce un resultado negativo, saber si comprendieron lo expuesto, si están de acuerdo, etc.

Para lograr plenamente mantener el contacto visual con todas y cada una de las personas del auditorio, se debe recorrer con la vista las caras del público, e ir palpando las reacciones que nuestro discurso provoca en el mismo; pues las personas cuando sienten el contacto con el orador se consideran halagadas, se interesan por lo que dice y se forma una corriente favorable en ambos sentidos.

El orador debe preocuparse por lograr esta corriente, que será para su beneficio personal, el orador experimentado observará con precisión adecuada que le permitirá prever:

a) Si el público esta de acuerdo o no con lo que esta exponiendo.

b) Si la exposición es clara o confusa.

c) Si la presentación es amena o aburrida.

d) Si se ha abusado del tiempo en la presentación

e) Estar pendiente de todos los movimientos y distracciones del público.

Por lo que es claro que un orador deberá evitar:

a) Mirar hacia el techo, paredes, suelo o ventanas.

b) Concentrar la mirada en gráficas, documentos o cualquier apoyo visual.

# La comunicación no verbal

**Los gestos**

Los gestos de la cara son especialmente importantes como apoyo a la idea que se quiera transmitir. Es difícil persuadir o conmover a alguien, o si de que el tema que se trata es interesante si se tiene una expresión de aburrimiento, de miedo o de duda en la cara.

La expresión facial indica estados de ánimo de la persona, tales como duda, asombro, aburrimiento, también permite que el público pueda identificar la congruencia del mensaje verbal que se esta enviando.

Hoy sabemos que, para transmitir emociones, debe haber congruencia y de manera que el público lo pueda percibir, es necesario que el orador, tome conciencia de los gestos que utiliza, pues ellos transmiten mensajes muy poderosos que pueden convertirse en aliados del discurso o en los grandes detractores que minen la credibilidad de quien habla.

Nuestros gestos, son en su mayor parte, una expresión inconsciente, debido a ello, es vital que practiquemos constantemente frente a un espejo o bien que nos grabemos como práctica consciente de nuestra gestualidad. Recordemos que una sonrisa al inicio (aun ante temas muy serios o delicados) es una excelente forma de comenzar y generar empatía con el público.

## Ademanes

Para quien inicia en el arte de la oratoria, muchas veces, las manos y los brazos constituyen un estorbo, ya que no saben que hacer con ellas; pero a medida que se va adquiriendo seguridad, el orador, va dándose cuenta que con los brazos y manos pueden reforzar sus ideas o pensamientos. Los ademanes, también conocidos como "ilustradores", son poderosos apoyos no verbales para el orador, pero ha de tenerse conciencia de como se están utilizando. Por lo que, sabemos que debemos evitar cruzar los brazos, jugar con algún objeto en la mano, meter las manos al bolsillo o esconderlas, pues al hacerlo bloqueamos la utilización de un recurso muy poderoso.

Además, para que el ademán se convierta en valioso auxiliar de la palabra y pueda materializar y reforzar la idea presentada en la expresión oral, debe acompañar a la idea y debe ejecutarse de acuerdo con el significado de lo que se esta expresando; de ahí que el ademan, como manifestación exterior (junto con los gestos), puede considerarse como el acto dinámico de la oratoria, es decir, la palabra hecha movimiento.

Como auxiliar de la expresión, el ademán debe ser natural y no forzado, amplio y corresponder a la individualidad y a la personalidad del orador. Todo extremo en el ademán es negativo, la falta de estos en el discurso da la impresión de que el orador carece de ánimo; mientras que un uso excesivo demostrará que se carece de control.

JUSTIN TRUDEAU

En oratoria se pueden clasificar a los ademanes por su significado de la siguiente manera:

**1) los que sugieren**

**2) los que describen**

**3) los que afirman o niegan**

**4) los que acusan**

Esta comunicación no verbal, mediante el adecuado manejo de los ademanes, es captada por el inconsciente y determina si un mensaje puede ser creíble o no. En mi experiencia como formadora de oradores, y a pesar de que existe una clasificación de los ademanes, pues a la hora de estar frente al público sería imposible estar pensando específicamente en el tipo de ademán que se utilizará, ello puede distraer al orador y desconcentrarlo en su entrega. Es por ello, que, les indico que se olviden de la clasificación, sin embargo, si deben ser conscientes de como utilizar sus manos durante su disertación. Entre los puntos a considerar les enfatizo lo siguiente:

1. El ademán debe fluir naturalmente, por ello debemos iniciar con las manos a los costados, no al frente en la que llamo la posición del *padrecito*, esta forma de tomarse las manos indica inseguridad, nerviosismo y disminuye la comunicación que generan los ademanes que es muy poderosa en la entrega del discurso.

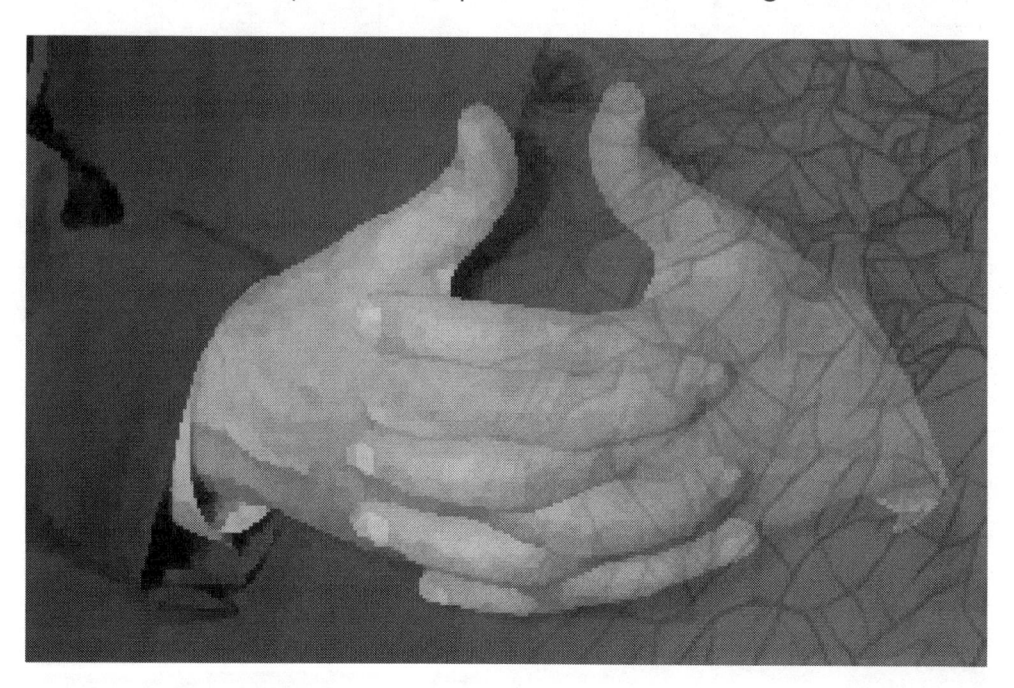

2. Los ademanes no deben exceder las proporciones naturales del cuerpo, pues de hacerlo se puede percibir al orador como teatral, mermando su credibilidad. El movimiento debe ser elegante y permitir que en todo momento se denote dominio total de su utilización.

3. Evitar el uso del dedo señalador, las manos deben estar abiertas y de ser posible mostrar las palmas, pues ello genera confianza en quien habla. Si hemos de señalar lo haremos siempre dirigiendo nuestras manos hacia lugares donde no se ubica nuestra audiencia.

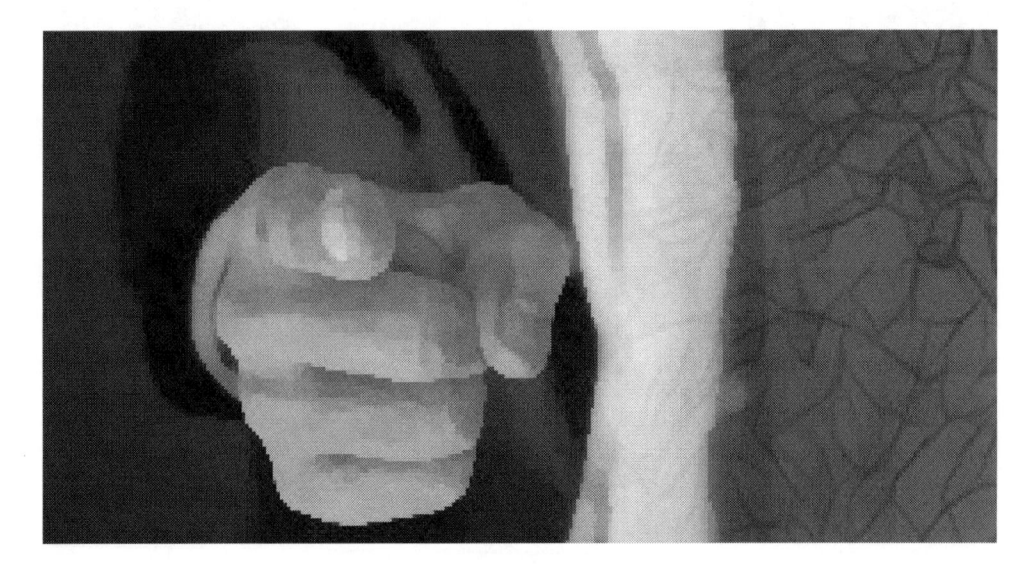

Hoy existen expertos en comunicación no verbal que se dedican a analizar cada movimiento y gesto que realiza quien habla frente a un público. Por ello, hemos de entrenar constantemente esta capacidad natural de habla, nuestro cuerpo de manera natural busca la forma de expresarse. Es por ello, que no recomiendo de ninguna manera las clases de teatro, en todo caso, solamente para generar más soltura y confianza, pero no para utilizar un movimiento histriónico en el pódium, el público notará la incongruencia o lo exagerado del mismo y lo desaprobará con seguridad.

**BARACK OBAMA**

## Memoria e Imaginación

La memoria es un privilegio que todos debemos cuidar y cultivar, porque con ella se progresa y avanza en capacidad y conocimiento; ya que al no gastar el tiempo en retener de nuevo lo que se ha aprendido previamente por haberlo olvidado, puede continuar ascendiendo hacia planes superiores de conocimiento, con lo que fácilmente logra éxitos tras éxitos.

Es pues claro, que sin memoria no podemos progresar ni en la tribuna ni en nuestra actividad diaria. Los psicólogos están de acuerdo en que la generalidad de los hombres solo utiliza el 10% al 15% de esta importantísima facultad mental. Esto es lamentable, máxime que el memorizar nos facilitará recordar frases, personas, lugares, etc., los cuales son muy útiles en cualquier momento de nuestra disertación, sea improvisada o preparada con antelación.

La memoria puede ser entrenada, es la facultad intelectual que nos permite recuperar todo aquello que hemos conocido o experimentado.

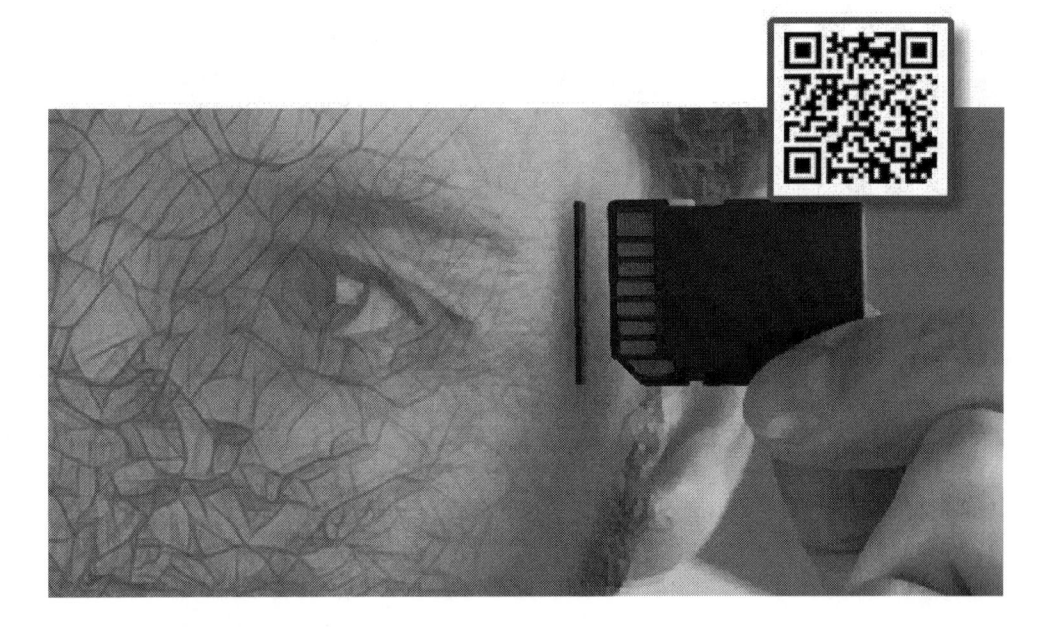

https://www.lavanguardia.com/ciencia/cuerpo-humano/20170310/42701621701/como-conseguir-memoria-extraordinaria-metodo-loci.html

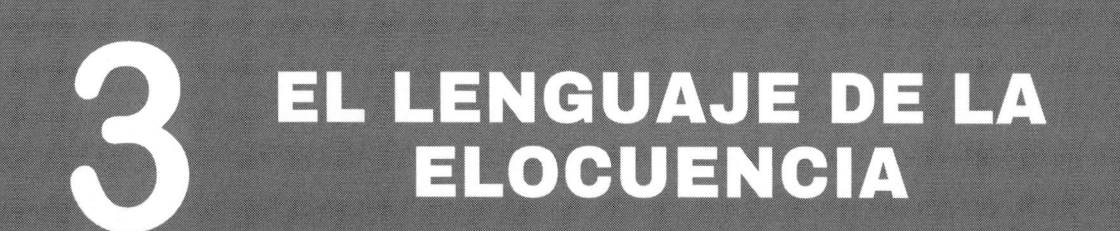

# 3 EL LENGUAJE DE LA ELOCUENCIA

# EL LENGUAJE DE LA ELOCUENCIA

## El Lenguaje

**El lenguaje es la facultad de expresar los pensamientos y emociones mediante un conjunto de sonidos articulados para este fin**. Es la comunicación que consiste en emitir e interpretar señales, las cuales son parte de un código o sistema el cual nos permite entenderlas. Es una forma de expresión que busca perfecta adecuación entre el contenido y la manera de manifestarse.

El contenido de nuestro lenguaje se va presentando en las ideas que manifestamos; la forma, en las palabras que le sirven de vehículo. Por lo que, manifestarnos por medio del lenguaje significa conocer las ideas y emociones que se expresan y asociarlas a las palabras que son útiles para darse de una manera tangible, para que quienes lo escuchen puedan entender claramente nuestro mensaje.

Es así, que entendemos que la comunicación es el proceso que constituye la expresión más complicada de las relaciones humanas, pues, a través de ella la persona sintetiza, organiza y elabora toda la experiencia y conocimiento humano, luego lo trasmite utilizando como ruta el lenguaje.

Albert Mehrabian efectuó estudios durante los años 70 en los que analizó la importancia relativa de los mensajes verbales y no verbales. El estableció que el **lenguaje verbal** (lo que se dice) participa pobremente en la comunicación de emociones y sentimientos con apenas el 7%, mientras que un 38% de la comunicación corresponde al **paralenguaje** (entonación, proyección, tono, énfasis, pausas, ritmo, etc.) y el 55% al **lenguaje corporal** (gestos, posturas, mirada, movimiento de los ojos, respiración, etc.).

El valor de los elementos no verbales sobre los verbales aumenta si existen **incongruencias** entre ellos, es decir, si las palabras y el cuerpo están en desacuerdo, las personas tenderemos a tomar en mayor consideración la comunicación no verbal. Es importante señalar que, la **Regla de Mehrabian aplica a la comunicaci**ón de emociones, no de ideas**.**

**Regla de Mahrebian (aplica a la comunicación de emociones)**

Es por ello, que debemos comprender, que la comunicación humana es un proceso extraordinariamente complejo, que va más allá del mero conocimiento y uso de un sistema lingüístico. La efectividad de cualquier mensaje hablado depende en gran medida de la habilidad para incorporar, además de las palabras, signos no verbales en la comunicación, ya sea de manera complementaria o estructural. Este fenómeno pragmático-discursivo nos lleva a entender que la comunicación oral es una sinfonía de elementos que se entrelazan y complementan para transmitir de manera efectiva un mensaje.

Un ejemplo ilustrativo de este fenómeno es la persuasión. En el contexto de persuasión, la utilización adecuada de todos los recursos comunicativos se vuelve esencial. Esto incluye no solo las palabras que se eligen cuidadosamente, sino también la comunicación no verbal y el paralenguaje.

En otras palabras, persuadir a alguien no se trata solo de lo que decimos, sino de cómo lo decimos y de cómo lo presentamos. La combinación de estos elementos puede hacer que un discurso sea más efectivo al generar una respuesta emocional o una conexión más fuerte con la audiencia.

Es importante destacar que una audiencia no es un receptor pasivo. La reacción de la audiencia juega un papel crucial en la comunicación efectiva. La respuesta de la audiencia puede influir en la pasión y la emoción con las que un orador entrega su mensaje.

Por lo tanto, la interacción entre el orador y la audiencia es un componente fundamental de cualquier discurso. La observación de la comunicación no verbal se convierte en una herramienta valiosa para el orador, permitiéndole detectar si su mensaje se ha entendido, si ha generado acuerdo o desacuerdo, si ha generado dudas o cualquier otra reacción que pueda guiar la presentación, es en esta comunicación no verbal con la audiencia que se establece un diálogo

Además, para que la comunicación sea efectiva, es necesario cumplir con dos requisitos fundamentales:

1. **Tener algo significativo que comunicar:**

   El contenido del mensaje debe ser relevante, interesante y valioso para la audiencia. Sin un mensaje sólido y significativo, incluso la mejor presentación carecerá de impacto.

2. **Saber comunicarlo de manera elocuente:**

   No es suficiente con tener un mensaje importante; también es necesario saber comunicarlo de manera efectiva. Esto implica la habilidad para estructurar y presentar el mensaje de manera clara, persuasiva y cautivadora. La elocuencia en la comunicación es fundamental para captar y mantener la atención de la audiencia.

Es así, que, el fenómeno pragmático-discursivo resalta la importancia de considerar no solo las palabras que utilizamos en la comunicación, sino también los elementos no verbales y la interacción con la audiencia. La comunicación efectiva implica una sinergia entre estos componentes para transmitir un mensaje de manera convincente y lograr una respuesta deseada por parte de la audiencia

**MALALA YOUSAFZAI**

# La Elocuencia

El término "elocuencia" proviene del latín eloquentia, que significa "hablar".

En ese sentido, la elocuencia tiene un poder inmenso, es capaz de hacernos sentir lo que quiere el que la sabe usar; los antiguos galos lo sabían y la representaban en la figura de un Hermes armado, de cuyas manos pendían unas finas cadenas de oro, estas cadenas llegaban a los oídos de otras figuras que le rodeaban, pero estaban flojas, como indicando la suavidad del dominio de la elocuencia que nos atrae suavemente y nos sujeta blandamente.

Alegoría de la Elocuencia, según Durero; Hermes se alza sobre pies alados, lleva un sombrero alado y sostiene un caduceo, atrapa a un grupo de figuras, entre ellas un clérigo y un soldado, con "la cadena de oro de su elocuencia", que agarra entre los dientes. Pluma y tinta marrón, realzada con color de carrocería blanco, con lavado azul, gris, violeta claro y rosa.

Defínamos, entonces a la elocuencia como: "la eficacia para persuadir y conmover que tienen palabras, gestos y ademanes". O bien, como la fuerza de expresión y eficacia para persuadir, conmover o convencer por medio de la palabra. Pero debemos agregar a estas definiciones un elemento esencial de la elocuencia: **la verdad,** la honestidad con que un orador ha de dirigirse a su público.

Es la habilidad de expresarse de manera clara, concisa y directa, utilizando un lenguaje claro y preciso, con un amplio vocabulario y de modo eficaz para persuadir o producir una respuesta emotiva de quien recibe el mensaje.

Esta capacidad de comunicación se caracteriza por la utilización de un lenguaje elegante y persuasivo, tanto en la lengua hablada como en la escrita, de manera formal y apropiada para su comprensión. La elocuencia persigue dos objetivos que definen su condición auténtica: el de conmover y el de convencer. Estas propiedades identifican muy bien la finalidad para la cual existe.

El orador que habla con elocuencia y con estilo propio, utiliza su voz fluida como instrumento para comunicar un pensamiento específico y presentar eficazmente ideas en el público oyente.

La elocuencia es una habilidad que se puede aprender con la práctica y es muy valorada en ciertas artes y disciplinas, como la literatura, la oratoria, la política o la comunicación social, ya que quienes la poseen son capaces de suscitar emociones y de captar la atención de quienes los leen o escuchan, lo cual, les confiere una ventaja a la hora de convencer a otros de su punto de vista.

El Maestro José Muñoz Cota dice que: «la elocuencia es vocación vital", es un compromiso de vida, el orador debe primero creer fiel y firmemente en lo que dice y avalarlo con lo que es, apoyarse en una amplia cultura y ser rico en sabiduría, filosofía, arte, política, etc.

La elocuencia basa su fuerza, su energía, para poder conmover, convencer o persuadir en tres cualidades fundamentales que todo orador debe poseer, y de las cuales ya hablamos anteriormente. Recordemos, estas cualidades son: **honestidad, conocimiento y dinamismo,** las cuales integran la **credibilidad**, de la cual ya hablamos en un capítulo anterior, sin ella, un orador estará muy lejos de poder comunicar efectivamente emociones e ideas que hagan vibrar al publico que lo escucha.

La elocuencia, el arte de la expresión verbal efectiva, tiene profundas raíces en la antigua Grecia, donde maestros de la oratoria como Demóstenes, Pericles y Foción dejaron un legado duradero. Estos ilustres griegos trascendieron la mera belleza de las palabras, enfocándose en valores fundamentales que siguen siendo relevantes en nuestros días.

Demóstenes, conocido como uno de los más grandes oradores griegos, nos brinda una anécdota esclarecedora. En un momento, se disculpó por su falta de elegancia, argumentando que la suerte de toda Grecia no podía depender simplemente de la habilidad retórica. Esto subraya que la elocuencia, aunque apreciada, no era el único pilar de la retórica griega. La verdad y la responsabilidad también tenían un papel central.

El gran orador Pericles, según Plutarco, solía rezar fervientemente antes de dirigirse al público. Sus oraciones buscaban la gracia de pronunciar solo palabras necesarias. Este ritual revela la profunda reverencia que los griegos tenían por la importancia de la palabra hablada y su impacto en la sociedad. Más allá de la belleza de las palabras, perseguían la sabiduría en su discurso.

Foción, otro destacado orador de la antigua Grecia, nos enseña la importancia de la economía de palabras. Pasaba largos periodos en silencio junto a la tribuna, reflexionando sobre cómo expresar sus ideas de manera concisa. Valoraba la elocuencia en la simplicidad, evitando florituras innecesarias y buscando la eficacia en su discurso.

Estos episodios revelan los rasgos distintivos de la oratoria griega, basada en la sinceridad, el respeto por la verdad, el servicio al deber y la atención meticulosa a los detalles. En esta tradición, la belleza de las palabras se coloca en un segundo plano frente a la importancia de la verdad y el deber, como vemos en el caso de Demóstenes. Siguiendo el ejemplo de Pericles, se busca la inspiración para comunicar lo apropiado y necesario en cada situación. Y, como Foción, se valora la precisión y la economía en el discurso, rechazando incluso la más mínima frivolidad.

Estos principios fundamentales de la oratoria griega continúan siendo fundamentales en la práctica de la retórica en la actualidad. Nos recuerdan que la palabra hablada es una herramienta poderosa que debe utilizarse con responsabilidad, respeto por la verdad y un firme compromiso con el deber.

La elocuencia, en su esencia, implica una rica combinación de emoción, vehemencia, sabiduría, comedimiento y conocimiento. Es la entrega de palabras con una inspiración que motiva, embelleciendo la verdad con cautivadora belleza, mientras el corazón y la mente se fusionan en comunión total. Es un arte antiguo que sigue inspirando y guiando a aquellos que buscan comunicarse de manera efectiva y auténtica con el mundo que les rodea.

Luis Carlos Galán

## Condiciones del Lenguaje

Una palabra puede considerarse pura y precisa, pero su uso incorrecto puede llevar a que se catalogue como impropia. Una palabra se considera adecuada cuando logra comunicar con precisión nuestra intención. Si una palabra puede omitirse sin alterar el significado, la llamamos precisa, y si el significado contiene plenamente la idea que deseamos transmitir, entonces la describimos como exacta.

Para que nuestro vocabulario reúna estas cualidades de precisión, exactitud y propiedad, contribuyendo a dominar la palabra elocuente, es necesario estudiar nuestra lengua y conocer el valor de las palabras.

Recordemos que las palabras crean imágenes, sonidos, sensaciones en la persona

### Propiedad

La propiedad en el discurso es una cualidad esencial que se refiere a la correcta utilización de las palabras y la construcción de frases de acuerdo con las reglas gramaticales establecidas. Esta característica es fundamental para lograr una comunicación efectiva y clara. Aquí se explora con más detalle el concepto de propiedad en el discurso:

- **Uso Adecuado de las Palabras**: La propiedad implica seleccionar cuidadosamente las palabras que mejor se ajusten al significado que se desea expresar. Esto implica evitar el uso de palabras incorrectas o inapropiadas que puedan distorsionar el mensaje o llevar a malentendidos. Además, buscará el no utilizar tecnicismos difíciles de comprender por la audiencia, así como el uso de extranjerismos innecesarios, pues introducen, algunas veces, imprecisiones. Hay casos en que es posible, y se recomienda, utilizar la traducción del término al español; ante esta posibilidad se prefiere traducir todo lo que sea traducible.
- **Construcción Gramatical Correcta:** La propiedad también se refiere a la conformidad con las reglas gramaticales. Esto significa estructurar las frases y oraciones de acuerdo con la sintaxis y la gramática de la lengua en la que se está

comunicando. Las frases bien construidas son más fáciles de entender y menos propensas a errores de interpretación.
- **Coherencia y Cohesión:** Un discurso propiedad también se caracteriza por su coherencia y cohesión. Las ideas deben estar organizadas de manera lógica y conectadas de forma fluida. La falta de propiedad puede resultar en saltos bruscos entre ideas o en la falta de conexión entre párrafos y secciones.
- **Significado y Claridad:** Las palabras deben usarse de manera que reflejen con precisión el significado que se pretende transmitir. Evitar la ambigüedad y la vaguedad es esencial para garantizar que la audiencia comprenda claramente el mensaje.
- **Pronunciación Correcta:** La propiedad no se limita solo a la elección de palabras y la construcción de frases, sino que también se extiende a la escritura y pronunciación adecuadas. Las palabras deben escribirse correctamente de acuerdo con la ortografía y pronunciarse de manera precisa para evitar confusiones.
- **Contexto y Audiencia**: La propiedad también implica considerar el contexto y la audiencia. Las palabras y frases deben adaptarse al contexto en el que se utilizan y a las características de la audiencia para asegurar una comunicación efectiva.

# Precisión

La precisión, como recurso de la elocuencia, es un elemento fundamental para transmitir ideas de manera efectiva y convincente. Se trata de la habilidad de utilizar las palabras de manera exacta y concisa, evitando cualquier ambigüedad o vaguedad en el discurso. Cuando un orador emplea la precisión, sus argumentos se vuelven más sólidos y persuasivos, ya que el público puede comprender claramente lo que se está comunicando. Además, la precisión demuestra un dominio completo del tema y aumenta la credibilidad del orador. En resumen, la precisión en la elocuencia es una herramienta poderosa que permite una comunicación efectiva y persuasiva al eliminar cualquier ambigüedad y transmitir ideas de manera clara y directa.

- **Definición Rigurosa:** Un discurso preciso utiliza definiciones claras y específicas de términos y conceptos. Evita ambigüedades y vaguedades para que los oyentes comprendan exactamente lo que se está diciendo.
- **Datos y Evidencia Confiables**: La precisión implica respaldar las afirmaciones con datos y evidencia sólida de fuentes confiables. Los datos deben ser verificables y estar libres de exageraciones o tergiversaciones. Cuando se presentan datos, hechos o evidencia, es crucial que sean precisos y verificables. Citaciones incorrectas o información inexacta pueden socavar la credibilidad del orador.
- **Citas y Referencias Correctas**: En discursos que incluyen información de otras fuentes, la precisión exige citar y referenciar adecuadamente esas fuentes para evitar el plagio y garantizar la credibilidad. Utilizar fuentes de información confiables y verificables es esencial para mantener la precisión en el discurso.
- **Especificidad en la argumentación:** Los argumentos deben ser específicos y bien fundamentados. En lugar de hacer afirmaciones generales, el orador debe proporcionar ejemplos concretos y detalles que respalden sus puntos. Las generalizaciones excesivas pueden llevar a conclusiones erróneas. Es importante que el orador sea preciso en la evaluación de la información y evite sacar conclusiones que no estén respaldadas por la evidencia.

# Claridad

Una idea simple aporta más claridad al discurso y es más fácil de comprender que uno complejo en el que las ideas no guardan relación unas con otras y es evidente el desorden del pensamiento. La habilidad para lograr la claridad está en transmitir ideas complejas con palabras y construcciones sencillas.

- **Estructura Lógica:** La claridad se logra mediante una estructura lógica y coherente del discurso. Las ideas deben presentarse de manera ordenada y secuencial para que la audiencia pueda seguir el razonamiento sin dificultad. Una sólida y adecuada estructura permite que los contenidos fluyan y se interrelacionen para dar significado y facilitar la comunicación con el público
- **Lenguaje Claro y Sencillo**: Evitar la jerga innecesaria, terminología técnica complicada que pueda confundir a la audiencia, así como el lenguaje complicado contribuye a la claridad. Los oradores deben comunicarse de manera accesible para la audiencia.
- **Ejemplos y Anécdotas Ilustrativos:** El uso de ejemplos y anécdotas ayuda a aclarar conceptos abstractos y a hacer que el discurso sea más comprensible para la audiencia.
- **Preguntas y Respuestas Explícitas:** Plantear preguntas retóricas y proporcionar respuestas explícitas cuando sea necesario contribuye a la claridad al guiar a la audiencia hacia conclusiones importantes.
- **Transiciones efectivas**: Las transiciones entre ideas y secciones del discurso deben ser suaves y bien señalizadas. Esto ayuda a la audiencia a seguir la narrativa sin problemas.
- **Uso de figuras retóricas:** Las metáforas bien elegidos pueden mejorar la claridad al ilustrar conceptos abstractos o complejos de manera más accesible, lo mismo que ocurre con la analogía y otras figuras retóricas que contribuyen a la mejor comprensión del tema que se trata.

# Concisión

Para lograr la concisión hay que evitar mencionar datos irrelevantes, obvios, que no aportan información o ya se conocen. Debe prestarse atención en este caso a las veces que se repiten las mismas ideas sin justificación.

- Dos frases cortas pueden ser mejor que una larga.
- No deben emplearse dos palabras donde es suficiente una.
- Los párrafos deben ser cortos y contener la información necesaria y relacionada entre sí.
- No debe abusarse de las conjunciones que alargan o entorpecen el ritmo de la frase (que, pero, aunque, sin embargo) si no son innecesasrias.

# Naturalidad

La naturalidad en la expresión se manifiesta cuando parece que encontrar las palabras no requirió esfuerzo alguno para quien nos escucha. En realidad, las palabras naturales surgen con facilidad cuando abordamos un tema o consideramos una cuestión que conocemos bien. Al tratar de nombrar algo o expresarlo, debemos mantenernos fieles a nuestra naturalidad, utilizando la palabra que primero acuda a nuestra mente, siempre y cuando transmita con precisión lo que deseamos comunicar. No debemos esforzarnos por emplear palabras que nos parezcan más elegantes, ya que podrían resultar ajenas a nuestra esencia y que pueden provocar errores en el buen uso del término.

La sencillez en el lenguaje se convierte en una virtud, mientras que la elocuencia reside en cómo combinamos las palabras y las expresiones. Para hablar con naturalidad, es crucial observar ciertas reglas:

- Enfocarnos en temas que conocemos bien, en los que tengamos una profunda convicción y que nos interesen sinceramente. Estas condiciones bastan para que nuestras palabras fluyan de manera natural.
- Evitar la tentación de utilizar términos más sofisticados en lugar de aquellos que ya conocemos y utilizamos con soltura. Insistir en palabras que consideremos más elegantes podría llevarnos a cometer errores, usando expresiones incorrectas, inapropiadas o confusas.
- Cuando descubrimos palabras nuevas, es importante comprender sus significados y usos antes de incorporarlas a nuestro repertorio.

## Energía

Se considera que una palabra es enérgica cuando tiene el poder de estimular nuestra imaginación y transmitir de manera vívida la idea que deseamos expresar. Esta característica dota de fuerza a nuestras expresiones al crear imágenes nítidas en la mente del oyente. Esta cualidad se manifiesta especialmente en los adjetivos que describen características intrínsecas de otras palabras.

## Melodía o Suavidad

Una palabra se considera melodiosa cuando su pronunciación resulta agradable al oído. La musicalidad de las palabras a menudo influye positivamente en nuestro lenguaje. Es importante evitar palabras que tengan un sonido áspero, especialmente si están cerca de otras que podrían crear una cacofonía. En ciertas ocasiones, el sonido de una palabra complementa su significado, y en tales casos, las palabras se consideran imitativas y onomatopéyicas.

Estas palabras son especialmente efectivas para evocar una impresión completa en la audiencia. Por ejemplo, cuando decimos:*"En el susurro del viento, las hojas danzan al ritmo de la naturaleza."*, el sonido nos hace sentir como si estuviéramos escuchando el sonido del viento "el susurro". Sin embargo, cuando decimos:"El crujido de cristales rotos y el chirriar de las cerraduras perturbaban la quietud de la noche." En esta oración, las consonantes «cr,» «ch,» y «rr» se usan de manera discordante para crear una sensación incómoda al oyente, una cacofonía que debemos evitar.

**Importante considerar lo siguiente:**

### Sencillez y claridad
### Brevedad
### Ritmo
### Frases directas
### Correcta elección de los verbos

Sencillez y claridad: Es decir, que lo que decimos resulte comprensible. Para ello nos pueden ayudar los siguientes elementos

- Una sola idea por frase, con sus consecuentes ideas de apoyo. Mantener en cada párrafo un desarrollo adecuado.

- Frases estructuradas coherentemente
- Recurrir a palabras sencillas vs. rebuscadas
- Utilizar palabras y expresiones que utiliza la gente.
- Evitar el uso de terminología especializada, si nuestro público no es especialista en el tema.

**Brevedad:** Es necesario evitar lo superfluo en la transmisión del mensaje.

- Usar un mínimo de palabras para expresar una idea.
- Usar frases cortas y párrafos breves, se vuelven etiquetas para recordar.
- Evitar fórmulas huecas, palabras sin sentido.

**Ritmo:** Es preciso evitar la monotonía.

- Al principio y al final atraer y retener la atención con un ritmo y tono adecuado.
- Respirar adecuadamente: para no cortar el ritmo de las palabras.
- Intercalar pausas y silencios controlados para aumentar el interés o delimitar las partes del discurso.
- Evitar muletillas y palabras de relleno

**Utilizar** frases directas

- Utilizar recursos que permitan conectar con la audiencia, por ejemplo, a través de historias y experiencias en común.,
- Utilizar recursos como metáforas, preguntas, analogías, ejemplos, definiciones, etc., que garanticen que las ideas lleguen de múltiples formas.

- Argumentar y apoyar la idea principal que se desea transmitir al público de manera tal que la hagan suya, que la hagan propia.

Elegir bien los verbos: Es necesario que nuestra exposición sea viva. Es conveniente utilizar el presente o el imperativo (sobre todo en las intervenciones persuasivas), en particular evitando:

- El uso del condicional, ya que debilita las afirmaciones

- Verbos arcaicos o excesivamente cultos

- Verbos y más verbos, unos tras otros en avalancha

https://www.rae.es/

# Figuras retóricas

También conocidas como figuras literarias, las figuras retóricas son giros o recursos estilísticos, es decir, **mecanismos del lenguaje que sirven para ilustrar, embellecer o enriquecer estilísticamente** el discurso.

Tanto en el lenguaje hablado como el escrito, tanto en el poético como el informal, este tipo de recursos permiten expresar más con menos, modificando la configuración tradicional o acostumbrada de lo dicho.

- Son estructuras de frases que permiten presentar mejor las ideas y la recordación.

- **Se pueden convertir en los famosos *sound bites***

Los "**sound bites**" son fragmentos de discurso o declaraciones breves y concisas que capturan una idea o mensaje clave de manera memorable. Estas frases o fragmentos de discurso suelen ser lo suficientemente cortos como para ser fácilmente recordados y citados en los medios de comunicación o en discusiones posteriores. Los sound bites son una herramienta comúnmente utilizada en la comunicación política y en la publicidad, ya que permiten que los políticos y los anunciantes comuniquen mensajes impactantes y fáciles de recordar en un espacio limitado de tiempo.

La efectividad de un sound bite radica en su capacidad para resumir un mensaje complejo o una idea en unas pocas palabras, lo que facilita su difusión y comprensión por parte del público. Los sound bites a menudo se utilizan en entrevistas, debates, discursos políticos y anuncios publicitarios para destacar puntos clave o para enfatizar una posición. Algunos sound bites se vuelven icónicos y se asocian fuertemente con un tema o una figura pública en particular.

Son las frases memorables de un discurso y que sabemos que desde la antigua Grecia eran conocidas y utilizadas estas figuras retóricas por la fuerza que imprimen al discurso. Alcanzaron la cúspide con Quintiliano en Roma.

En los discursos, las figuras retóricas nos permiten ofrecer frases que posiblemente serán retomadas por los medios de comunicación.

Estas figuras retóricas son solo algunas de las muchas herramientas que los oradores pueden emplear para enriquecer su discurso y comunicar sus ideas de manera más efectiva y persuasiva. La elección de la figura retórica adecuada depende del mensaje y la audiencia a la que se dirige el orador o escritor.

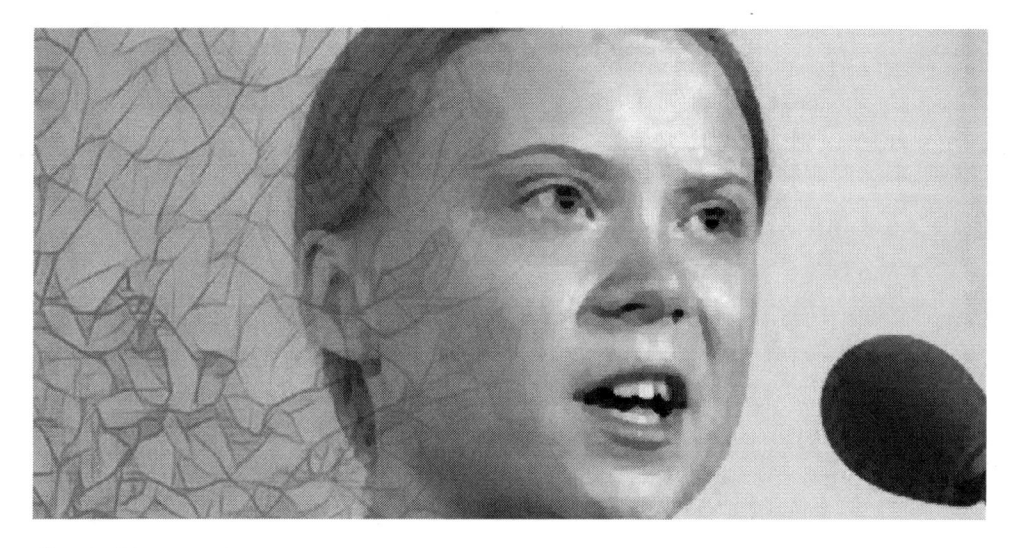

GRETA THUNBERG

"Nuestra casa está en llamas. Estoy acá para decirles que nuestro hogar está ardiendo"

# EL LENGUAJE DE LA ELOCUENCIA

| Figura Retórica | Descripción | Ejemplo |
|---|---|---|
| Metáfora | Comparación figurativa entre dos cosas diferentes para crear una imagen vívida. | "Su sonrisa era un rayo de sol en mi día." |
| Símil | Comparación usando "como" o "cual" de manera explícita. | "Ella brillaba como una estrella en el cielo." |
| anáfora | Repetición de palabras o frases al principio de cláusulas para enfatizar ideas o crear un ritmo. | "Tenemos un sueño. Tenemos un objetivo. Tenemos una visión". |
| Epífora | Repetición al final para crear énfasis. | "El amor es paciente. El amor es amable. El amor todo lo soporta." |
| Paralelismo | Repetición de estructuras gramaticales similares en una serie de palabras o frases. | "Ver lo que nadie ha visto, ver lo que todos han visto, pensar lo que nadie ha pensado." |
| Ironía | Uso de palabras para expresar un significado opuesto al literal, a menudo con burla o crítica. | "¡Qué día tan hermoso!» en medio de una tormenta. |
| Hipérbole | Exageración intencionada para enfatizar una idea o crear un efecto dramático. | "Tengo un millón de cosas que hacer." |
| Antítesis | Contraposición de palabras o ideas para resaltar contrastes. | "El bien y el mal, el amor y el odio." |
| Elipsis | Omisión deliberada de palabras para crear una conclusión o rapidez. | "La vida es corta; la juventud, más." |
| Antimetábola | Repetición de palabras en orden inverso para cambiar el significado. | "No vivas para comer, come para vivir". |
| Concatenación | Repetición de la última palabra de una frase al principio de la siguiente para dar continuidad al pensamiento. | "El amor es un fuego, el amor es una herida, el amor es una locura." |
| Diacope | Repetición de una palabra o frase con una o dos palabras intermedias. | "Un sueño profundo, profundo como el océano." |
| Tríada | Serie de tres elementos usados para enfatizar un punto. | "Educación, innovación, transformación: estos son los pilares del progreso". |
| Asíndeton | Omisión de conjunciones para dar energía al concepto, especialmente en forma de tríada. | "Ven, habla, convence". |
| Repetición | Uso repetido de palabras para reforzar una idea. | "En cada paso, en cada palabra, en cada acto, buscamos la justicia." |
| Epistrofe | Repetición al final de las frases. | "No es fácil, no es rápido, no es sencillo." |
| Analogía | Establece relaciones de semejanza entre cosas distintas. | "El amor es como una flor: necesita cuidado constante" |
| Apóstrofe | Interrupción para invocar a seres reales o imaginarios. | "¡Oh, libertad, cuántos sacrificios se han hecho en tu nombre!" |

## Preguntas retóricas

Las preguntas retóricas, también conocidas como erotemas, difieren de las preguntas convencionales en que no buscan una respuesta del interlocutor. Más bien, tienen un propósito expresivo, ya sea para enfatizar un punto, sugerir una afirmación o transmitir un estado emocional particular. En este sentido, funcionan como figuras retóricas. Por ejemplo:

> ¿Acaso no merecemos un mundo mejor?
> ¿Quién puede negar la belleza de un atardecer?
> ¿Puede alguien dudar de la importancia de la educación?
> ¿No es evidente que la verdad prevalecerá?
> ¿Por qué conformarnos con menos si podemos aspirar a lo mejor?

Estas preguntas retóricas no buscan respuestas reales, sino que añaden profundidad y énfasis al discurso, se utilizan para enfatizar una idea o persuadir al oyente o lector al resaltar un punto en el discurso. a menudo provocando reflexión en el oyente o lector.

¿Cuándo estarán satisfechos? **Marthin Luther King**, en su memorable discurso "Yo tengo un sueño"

# 4 ELECCIÓN DEL TEMA Y PREPARACIÓN DEL DISCURSO

# ELECCIÓN DEL TEMA Y PREPARACIÓN DEL DISCURSO

*Nada que gire en torno al mundo del liderazgo es casual, los discursos que se escuchan en los actos más mediáticos suelen tener una estructura muy marcada.*

*Irina Pérez*

## Preparación del Discurso

La **preparación previa** de un discurso es esencial para ofrecer un mensaje claro, impactante y persuasivo. Ayuda al orador a establecer objetivos, adaptarse a la audiencia, estructurar el discurso de manera efectiva y garantizar que el mensaje se entregue con confianza y credibilidad.

La planificación adecuada aumenta significativamente las posibilidades de éxito en la comunicación. De tal manera, que, cuando estamos preparando una intervención, debemos recopilar información sobre aspectos básicos a fin de contar con elementos que permitan que nuestro discurso sea persuasivo y conduzca a la acción, determinando el resultado final que esperamos de nuestra presentación.

Hay que definir el propósito y objetivo que pretendemos cubrir con nuestra comunicación y transformarlos en palabras, pero siempre teniendo en cuenta los intereses de nuestra audiencia, por ello hemos de definir y establecer claramente a quién se va a dirigir el discurso.

La comunicación sin la identificación de nuestros destinatarios del mensaje, no lograría su objetivo y se convertiría en un monólogo del orador. Por lo tanto, para garantizar el éxito, para poder estructurar bien un mensaje, para evitar posturas defensivas o distorsiones que nos alejen del objetivo, es preciso recopilar la mayor información posible sobre las personas, el tema, valores y creencias, el contexto y circunstancias, entre otros puntos a conocer importantes para la construcción del mensaje, tener en cuenta también a los medios de comunicación.

## Propósito del discurso

Hemos hablado ya de la oratoria y su propósito y recordaremos que en su definición se hablan de cinco puntos focales: persuadir, conmover, convencer, entretener e informar.

Cuando el orador sabe que va a hablar ante un publico, necesita determinar:

## *La razón para dirigirse a esa audiencia*

De esta forma puede aprovechar eficazmente el trabajo realizado durante la preparación del mensaje, lo que le permitirá que cada argumento, imagen y palabra cuenten en el intento de lograr su propósito.

En el diseño y planeación del propósito del discurso podemos utilizar varias o solamente una de las funciones con las que la pieza oratoria cuenta, es decir, la alocución puede buscar persuadir e informar al mismo tiempo o entretener y conmover, ello nos indicará que tipo de discurso hemos de realizar, por ejemplo: Conferencia que puede tener como propósito el informar y entretener o bien informar y persuadir; Discurso político, entre su propósito se podría encontrar el persuadir, informar y entretener al mismo tiempo.

Sin embargo, aunque se pudiera utilizar varios fines, para lograr determinado propósito en el publico, un discurso, preferentemente, debe tener un solo propósito para asegurar que el orador se comunique efectivamente con su auditorio, ello contribuye para que el orador conozca puntualmente lo que desea lograr del público.

El propósito del discurso se refiere al propósito general o la razón fundamental por la cual se da el discurso. Es el «por qué» detrás de la presentación. Es más amplio y general. Puede estar relacionado con una función del lenguaje amplia, como persuadir, conmover, convencer, entretener o informar, como ya lo habíamos mencionado. El propósito de un discurso es la meta general o la razón fundamental detrás de la presentación

Un ejemplo de propósito de un discurso podría ser: "persuadir a la audiencia sobre la importancia de la conservación del medio ambiente».

Estos son los principales propósitos que persigue los discursos:

- **Entretener**: El discurso busca una repuesta concreta del público objetivo. Si hemos preparado un discurso cautivador conseguiremos amenizar el acto y el discurso será del agrado del receptor.

- **Informar:** Persigue el propósito de informar de unos hechos o acciones concretas al receptor. El mensaje que transmite este discurso presentará información de manera útil e interesante para el receptor. El tema del discurso resuelve o da respuestas a incógnitas que tiene el público objetivo.

- **Convencer:** La misión del discurso es influir en los oyentes, buscar una respuesta clara.

- **Argumentar**: Si se trata de un texto argumentativo aportará razones y pruebas a favor de su discurso. En este caso el foco principal es aportar datos que constaten los hechos expuestos.

- **Persuadir:** Busca cambiar la conducta del público objetivo para que compre un producto, cambie de opinión sobre un tema o que realicen una acción concreta. En muchas ocasiones persigue la manipulación.

- **Motivar**: Tiene como objeto persuadir a la audiencia en busca de unas metas emocionales. Suele ser un discurso emotivo.

# El objetivo del discurso

La finalidad que persigue un discurso dependerá del motivo por el cual se va a dar dicho discurso. También influye en el propio **discurso** la audiencia a la que se dirigirá, de la cual hablaremos en un capítulo siguiente.

Cuando estamos preparando un discurso tendremos que elegir el tema del discurso, qué queremos conseguir con el discurso y acorde a ello ordenaremos las ideas que componen el discurso.

> - El **prop**ósito del discurso determina el tipo de discurso que se utilizará.
> - El objetivo del discurso *Identifica puntualmente lo que se desea lograr del p*úblico.

El objetivo del discurso es una declaración más específica y detallada que describe lo que se pretende lograr de manera concreta durante la presentación. Es el «que" se espera alcanzar. ¿Qué hará la audiencia al finalizar el discurso presentado? Aquí determinamos en forma específica la acción final que se verifica y mide para conocer la eficiencia del discurso y su alcance real.

Hemos de tener presente que los objetivos son específicos y medibles. Deben ser claros y precisos para que puedan evaluarse al final del discurso. Los objetivos son declaraciones específicas que describen lo que se espera lograr durante el discurso en términos medibles y concretos y actúan como hitos que ayudan al orador a medir su éxito en la consecución del propósito general del discurso

Un objetivo específico dentro del propósito anterior podría ser «convencer al 80% de la audiencia para que participe en una campaña local de reciclaje».

# Análisis del Público

El análisis de la audiencia es un componente crucial en la preparación y entrega efectiva de cualquier discurso o presentación. Comprender quiénes son los miembros de la audiencia y cómo se relacionan con el tema es esencial para adaptar el mensaje de manera que **resuene** y **conecte** con ellos. Compartimos los puntos clave que deben considerarse:

- **Identificar el Conocimiento Previo:** Es importante saber cuánto sabe la audiencia sobre el tema. ¿Son expertos en el tema o principiantes? Esto afectará la profundidad y el nivel de detalle del contenido.
- **Conocer los Intereses y Valores:** Comprender los intereses, creencias y valores de la audiencia permite ajustar el mensaje para que sea relevante y atractivo. ¿Qué les importa? ¿Qué les motiva?
- **Evaluar el Tamaño y la Composición de la Audiencia:** ¿Cuántas personas estarán presentes? ¿Cuál es su diversidad en términos de edad, género, antecedentes culturales y nivel educativo? Esto influye en el tono, el estilo y los ejemplos que se deben utilizar.
- **Analizar el Contexto y el Propósito:** ¿Dónde y cuándo se llevará a cabo el discurso? ¿Cuál es el objetivo de la presentación? La ocasión y el entorno pueden influir en la forma en que se entrega el mensaje.
- **Considerar las Actitudes y Expectativas:** ¿La audiencia está abierta o escéptica? ¿Tienen expectativas específicas con respecto al discurso? Reconocer estas actitudes ayuda a anticipar posibles desafíos y a abordarlos adecuadamente.
- **Identificar Puntos en Común y Diferencias:** Buscar puntos de conexión con la audiencia puede ayudar a establecer empatía. También es importante reconocer y abordar posibles diferencias de opinión de manera respetuosa.
- **Evaluar el Nivel de Formalidad:** ¿Se espera un tono formal o informal en la presentación? Ajustar el lenguaje y el estilo de comunicación en consecuencia es esencial.

- **Anticipar Preguntas y Preocupaciones:** Tratar de anticipar las preguntas que la audiencia podría tener y estar preparado para abordar preocupaciones comunes.
- **Adaptar el Mensaje y el Enfoque:** Utilizar la información recopilada para adaptar el contenido, el tono y la estructura del discurso. Esto garantiza que el mensaje sea relevante y efectivo.

| Elemento | Descripción |
|---|---|
| CANTIDAD | Indica el número de personas en la audiencia, ello nos permitirá establecer el tipo de logística y apoyos que requerimos para garantizar que cada participante pueda escuchar y ver lo mejor posible. |
| CLASE SOCIOECONÓMICA | Se refiere a la posición económica y social de la audiencia. |
| NACIONALIDAD/GRUPO ÉTNICO | Identifica la procedencia cultural y étnica de la audiencia. |
| OCUPACIONES | Muestra las profesiones, actividades laborales, sociales, culturales, académicas o trabajos de los presentes. |
| INTERESES PRIMARIOS | Indica los temas o áreas que más interesan a la audiencia. |
| ACTIVIDADES PREFERIDAS | Enumere las actividades que la audiencia prefiere en varias categorías, académicas, esparcimiento, políticas, culturales, etc. |
| GRUPOS FORMALES E INFORMALES | Identifica si los miembros de la audiencia pertenecen a grupos organizados o informales. |
| CONOCIMIENTO SOBRE EL TEMA | Evalúa cuánto sabe la audiencia sobre el tema del discurso. |
| NIVEL DE EDUCACIÓN | Representa el grado educativo de los presentes. |
| VALORES Y CREENCIAS | Refleja las creencias y principios fundamentales de la audiencia. |
| OPINIONES | Incluye las percepciones y opiniones de la audiencia sobre diversos aspectos: el orador/a; el tema; el contexto. |
| NECESIDADES Y PREOCUPACIONES | Indica las preocupaciones y requerimientos de la audiencia. |
| ACTITUDES | Describa las actitudes de la audiencia hacia el orador, el tema y el propósito del discurso. |
| ADAPTACIONES AL PÚBLICO | Refiere a las modificaciones y ajustes que el orador realiza en función de las características y necesidades de la audiencia. |

El análisis de la audiencia es esencial para comunicarse de manera efectiva. Ayuda al orador a adaptar su mensaje para que sea relevante, persuasivo y apropiado para el grupo al que se dirige. Este análisis puede marcar la diferencia entre un discurso exitoso y uno que no logra conectar con la audiencia.

Hoy, además, contamos con innumerables herramientas para realizar este análisis previo. Es el caso de aquella información que se puede obtener con Big Data, que nos puede proporcionar una riqueza de información invaluable para la creación y entrega de un discurso elocuente y efectivo. Algunas formas en las que el Big Data puede contribuir, son las que mencionamos a continuación:

- **Segmentación Detallada:** Mediante el uso de datos demográficos, psicográficos y comportamentales, el Big Data puede ayudar a segmentar la audiencia en grupos más específicos. Esto permite una adaptación más precisa del mensaje a las características individuales de cada grupo.
- **Personalización del Contenido:** Con información detallada sobre los intereses y preferencias de la audiencia, es posible personalizar el contenido del discurso para que sea más relevante y atractivo para cada individuo o grupo.
- **Predicción de Necesidades y Preguntas:** A través del análisis de datos históricos y patrones de comportamiento, el Big Data puede ayudar a anticipar las necesidades y preguntas que la audiencia podría plantear durante el discurso, lo que permite al orador estar preparado.
- **Optimización del Estilo de Comunicación:** El análisis de datos puede revelar el tono y el estilo de comunicación preferidos por la audiencia. Esto permite al orador adaptar su estilo de presentación para conectar de manera más efectiva.
- **Evaluación de la Retroalimentación en Tiempo Real:** Durante la presentación, el Big Data puede utilizarse para recopilar datos en tiempo real, como reacciones, preguntas y comentarios de la audiencia. Esto permite al orador ajustar su enfoque sobre la marcha.
- **Medición del Impacto:** Después del discurso, el Big Data puede utilizarse para evaluar el impacto y la efectividad del

mensaje. Se pueden analizar métricas como la retención de información, el cambio de opinión y la acción tomada por la audiencia.
- **Identificación de Tendencias Emergentes:** El análisis de Big Data puede ayudar a identificar tendencias emergentes en la audiencia que podrían ser relevantes para el discurso. Esto permite que el mensaje esté alineado con los temas actuales.
- **Optimización Continua:** Los datos recopilados pueden contribuir a la optimización continua de futuros discursos. Se pueden identificar áreas de mejora y ajustar estrategias de comunicación para un impacto aún mayor.

Un análisis de la audiencia respaldado por Big Data no solo proporciona información valiosa sobre quiénes son los oyentes, sino también cómo piensan, qué necesitan y cómo reaccionan. Esto permite al orador adaptar su mensaje de manera precisa y efectiva para lograr un discurso elocuente que conecte profundamente con la audiencia.

El análisis del público nos debe dar información importante y necesaria para la construcción del mensaje, para las adaptaciones del discurso y para establecer puntualmente las acciones que se deberán llevar a cabo, entre ellas: la primera, y muy importante, es la que realiza quien hablará frente al público y la segunda, se refiere a la acción que el público llevará a cabo al finalizar el discurso, ello nos permitirá saber si el propósito y objetivo del discurso fueron bien planteados y lograron la adecuada conexión con la audiencia.

Durante la presentación, mantenerse atento a las reacciones de la audiencia y estar dispuesto a ajustar la entrega según sea necesario. La adaptación en tiempo real puede mejorar la conexión.

## Elaboración y Organización

En esta etapa es fundamental tener una comprensión clara del tema y las ideas que lo respaldarán. Para ello, es necesario investigar exhaustivamente el tema que se planea abordar. Cuanto más se conozca el tema, más fácil será identificar ideas sólidas para respaldarlo. Leer libros, artículos, estudios y reunir información relevante del tipo de evento, el contexto, etc., estas son solo algunas de las actividades que debemos llevar a cabo para garantizar esta comprensión y conocimiento del tema a abordar.

Para lograrlo en un paso previo, ya hemos definido claramente cuál es el resultado que se espera lograr con el discurso mediante el propósito bien establecido y el objetivo bien determinado de la presentación; también ya hemos identificado a nuestra audiencia a través de un análisis exhaustivo, que nos permita adaptar el mensaje a distintos tipos de público. Ello además garantiza un discurso que podríamos llamar "personalizado" a cada audiencia, lo que lleva al orador a que un mismo mensaje, al ser adaptado a cada tipo de público, sea comprensible y la audiencia lo haga propio.

El orador o quien escriba sus discursos debe intentar encontrar un ángulo único o una perspectiva original sobre el tema a tratar, esto puede hacer que el discurso sea más interesante y relevante para la audiencia.

**Otras tareas previas a la redacción del discurso serán:**

> a) Sintetizar la idea principal que se desea comunicar en el discurso. Debe ser concisa y clara, y servirá como guía central para la presentación.

> b) Identificar las ideas principales que respaldarán el tema. Estas ideas deberían ser los pilares sobre los que construye el discurso, deberán jerarquizarse, lo cual podemos realizar a través de esquemas, diagramas, mapas mentales o cualquier recurso que nos sea útil para dar orden a nuestras ideas e información, eliminando lo superfluo e irrelevante.

c) Considerar ejemplos y/o argumentos que apoyarán las ideas y que proporcionan evidencia que aumenta la credibilidad en el discurso.

d) Utilización de conectores que permitan que el discurso fluya de manera coherente.

| Tipo de Conector | Ejemplos |
| --- | --- |
| Conectores Temporales | Antes, después, mientras, al mismo tiempo, cuando. |
| Conectores Causales | Porque, ya que, debido a, puesto que. |
| Conectores Condicionales | Si, a menos que, siempre que. |
| Conectores Comparativos | De la misma manera, de manera similar, como. |
| Conectores de Adición | Además, asimismo, también, igualmente. |
| Conectores de Contraste | Sin embargo, en cambio, por otro lado. |
| Conectores de Enumeración | Primero, segundo, finalmente, en primer lugar. |
| Conectores de Resumen | En resumen, para concluir, en definitiva. |
| Conectores de Ejemplificación | Por ejemplo, como ilustración. |
| Conectores de Concesión | Aunque, aunque parezca, a pesar de. |

e) Organización del discurso, que podría ser cronólogica, inductiva, deductiva, etc., o con las fórmulas para realizar discursos.

f) Concisión, congruencia, precisión y claridad, es decir utilizar los recursos de la elocuencia, de los cuales ya hablamos en un apartado anterior.

g) Considerar el tiempo que tendremos para decir nuestro discurso.

# El Pensamiento Creativo en la Preparación de un Discurso

Aun con el trabajo anterior puede ocurrir que en ocasiones el orador frente a un desafío al tener que preparar un discurso se encuentre frente al temido papel en blanco y la falta de inspiración.

Una posibilidad, es que el propósito de la presentación haya sido definido por quien es el anfitrión del evento, quien proporciona información sobre la audiencia y el mensaje que se espera del orador, y que servirá de base y ayuda para estructurar el discurso. Sin embargo, cuando esta orientación no está disponible, el orador se puede encontrar frente a un dilema, sin saber por dónde empezar. Sea que se tenga información previa o no, el pensamiento creativo ofrece una técnica valiosa para superar este obstáculo inicial en la preparación de un discurso, el cual se compone de tres pasos clave:

## Delimitación del Tema:

Cuando un orador se embarca en el desafiante proceso de delimitar su tema, debe abordar esta tarea con una estrategia clara en mente. En primer lugar, es fundamental que el orador identifique su tema de manera precisa y exhaustiva. Para lograrlo, es útil emplear un enfoque sistemático que involucre la descomposición del tópico en categorías cada vez más específicas y relevantes. Este ejercicio de desglose puede llevar al orador a explorar las múltiples dimensiones y facetas de su tema, permitiéndole una comprensión más profunda y completa.

En este proceso, surge una distinción crucial que todo orador debe tener en cuenta: la diferencia entre ideas coordinadas y subordinadas. Las ideas coordinadas son aquellas que comparten un nivel similar de importancia y relevancia dentro del discurso. Por otro lado, las ideas subordinadas son aquellas que se encuentran jerárquicamente relacionadas, donde una idea principal o central engloba a otras ideas secundarias o de apoyo.

Es esencial que el orador tenga la capacidad de discernir cuándo una idea merece un lugar destacado como una idea principal, y cuándo otras ideas deben desempeñar un papel de apoyo en el desarrollo del discurso. Este conocimiento no solo contribuirá a la claridad y coherencia de la presentación, sino que también permitirá que el orador profundice en los aspectos más relevantes y significativos de su tema.

Delimitar un tema de manera efectiva implica un proceso reflexivo y analítico que parte de la identificación precisa del tema y continúa con la exploración de sus diversas dimensiones a través de la categorización. La distinción entre ideas coordinadas y subordinadas desempeña un papel crucial en la organización y estructura del discurso, garantizando que el orador logre comunicar sus ideas de manera efectiva y convincente. Este enfoque estratégico es esencial para que el orador brille en la presentación de su discurso y capte la atención y comprensión de su audiencia.

## Generación de Ideas Sin Restricciones:

Para delimitar eficazmente el tema de un discurso, es fundamental fomentar la producción de ideas sin restricciones. Este proceso, que implica la generación libre de pensamientos y conceptos relacionados con el tópico, puede resultar invaluable para el orador en su búsqueda de identificar y comprender completamente el tema en cuestión.

Una técnica efectiva para promover la generación de ideas sin restricciones es el pensamiento creativo. Aquí, el orador se permite liberar su mente y explorar todas las posibles conexiones, asociaciones y perspectivas relacionadas con el tema. Este enfoque no solo amplía el horizonte de comprensión del orador, sino que también estimula la creatividad y la originalidad en la formulación de ideas.

El pensamiento lateral, una técnica de pensamiento creativo, puede ser particularmente útil en este contexto. Invita al orador a buscar soluciones o enfoques no convencionales al problema, explorando ideas que podrían no haberse considerado de otra manera. Al desafiar las restricciones tradicionales, el orador puede descubrir nuevas facetas y ángulos relacionados con el tema, enriqueciendo así su comprensión general.

Otra estrategia es el "brainstorming", que implica la generación libre de ideas por parte del orador, sin evaluar ni juzgar ninguna de ellas en el proceso inicial. Este enfoque no solo fomenta la producción de ideas sin restricciones, sino que también permite al orador recopilar una amplia variedad de perspectivas antes de refinar el tema.

Es importante destacar que este proceso de producción de ideas sin restricciones no tiene como objetivo llegar inmediatamente a una conclusión o delimitación definitiva del tema. Más bien, se trata de una exploración inicial que proporciona al orador una base sólida y diversa de ideas relacionadas con el tema en cuestión.

En última instancia, la producción de ideas sin restricciones aporta un valor significativo al proceso de delimitación del tema del discurso. Al utilizar técnicas de pensamiento creativo y permitir que la mente se expanda libremente, el orador puede adquirir una comprensión más profunda y enriquecedora del tópico, lo que contribuirá a la efectividad y el impacto de su presentación final. Este enfoque no solo mejora la claridad y la amplitud de la exposición, sino que también desencadena un proceso de descubrimiento que puede conducir a nuevas perspectivas y enfoques innovadores para abordar el tema.

## Organización de las Ideas Sin Restricciones:

La organización de las ideas sin restricciones es un paso esencial en el proceso de preparación de un discurso impactante y efectivo. Una vez que el orador ha recopilado una cantidad significativa de información relevante para su tema, la tarea siguiente consiste en darle estructura y coherencia a ese conjunto de ideas aparentemente dispersas. Este proceso se asemeja a la labor de un artesano que toma materiales crudos y los transforma en una obra maestra.

La clave para esta organización radica en la capacidad del orador para identificar y extraer las ideas principales de entre la maraña de información recopilada. Esto implica una revisión meticulosa de la lista de ideas, un análisis profundo de su relevancia y una habilidad para agruparlas en categorías o temas similares. Al agrupar estas ideas, el orador comienza a dar forma y estructura a su discurso.

Este proceso es esencial porque permite al orador definir claramente cuáles serán las ideas centrales que guiarán su presentación. Es como destilar la esencia de la información disponible para extraer las ideas que realmente importan. Es como si, en medio de un bosque de datos y detalles, el orador descubriera los árboles más altos y robustos que serán los pilares de su discurso.

La retórica tradicional, basada en la experiencia de grandes oradores a lo largo de la historia, sugiere que, en un discurso, se pueden desarrollar entre **2 a 5** ideas principales para la audiencia. La elección de cuántas ideas principales incluir dependerá del tiempo disponible para la presentación y de la complejidad de los temas.

Algunos discursos pueden beneficiarse de una estructura más simple con dos o tres ideas centrales, mientras que otros pueden requerir una mayor profundidad y, por lo tanto, un mayor número de ideas principales.

El proceso de identificar estas ideas principales no solo se trata de seleccionar las más relevantes, sino también de considerar cómo se conectan entre sí. Aquí es donde entra en juego la habilidad del orador para establecer relaciones lógicas y coherentes entre las ideas. Esto asegura que el discurso fluya de manera natural y que la audiencia pueda seguir fácilmente el razonamiento del orador.

En última instancia, la organización de las ideas sin restricciones es un paso crucial en la preparación de un discurso poderoso. Permite al orador transformar la información en conocimiento, destilar la esencia de su mensaje y crear una estructura sólida sobre la cual construir su presentación. Este proceso requiere habilidad, claridad de pensamiento y un profundo entendimiento del tema. Y aunque puede parecer desafiante, es un paso esencial para asegurarse de que el discurso sea efectivo, coherente y memorable para la audiencia.

**Esta técnica de pensamiento creativo proporciona una estructura sólida para abordar la preparación de un discurso, desde la delimitación del tópico hasta la organización de ideas, lo que resulta en presentaciones más efectivas y cohesionadas.**

## Fondo y Forma

La oratoria y la retórica son dos disciplinas que se entrelazan de manera intrincada en la búsqueda de un equilibrio perfecto entre el fondo (contenido) y la forma en un discurso, tal como lo hemos mencionado en los primeros capítulos. La importancia de esta conjunción radica en su capacidad para cautivar, persuadir e influenciar a la audiencia de manera efectiva, logrando un impacto duradero. En el mundo de la comunicación, estos dos componentes, forma y fondo, se complementan y por qué son fundamentales para la maestría en la palabra hablada.

El contenido de un discurso es su núcleo fundamental, su razón de ser. Es la esencia que el orador desea transmitir a su audiencia. Sin contenido sólido y relevante, la oratoria carece d sustento y propósito. Aquí es donde el "fondo" del discurso cobra vida.

Un discurso con un contenido profundo y sustantivo tiene el potencial de influir en las mentes y los corazones de la audiencia. Al presentar datos, argumentos y evidencia concretos, el orador puede construir una base sólida sobre la cual se erige su mensaje. El contenido, en este contexto, no solo debe ser informativo, sino también persuasivo y emotivo.

La oratoria se nutre del contenido de calidad, ya que es este contenido lo que inspira, motiva y conmueve a la audiencia. Un discurso que aborda temas importantes, ofrece soluciones a problemas o comparte historias conmovedoras puede dejar una impresión perdurable en quienes lo escuchan.

Sin embargo, el contenido, por sí solo, no es suficiente para transmitir de manera efectiva un mensaje. Es aquí donde entra en juego la «forma» del discurso. La forma se refiere al arte de la presentación, cómo se entrega y se comunica el contenido al público. La forma se manifiesta a través del lenguaje, la estructura, el estilo y la elocuencia.

Un discurso que carece de una forma efectiva puede perder su impacto, incluso si el contenido es valioso. La audiencia necesita ser guiada a través de la información de manera clara y persuasiva.

Aquí es donde la oratoria, como herramienta de la comunicación persuasiva, se convierte en un componente esencial.

Por otro lado, la retórica implica el uso de técnicas persuasivas, como la persuasión emocional, el uso de la lógica y la construcción de argumentos sólidos. Un orador habilidoso emplea estas técnicas para proveer de fondo al discurso y hacerlo más atractivo y efectivo. La retórica también implica el uso de figuras retóricas, metáforas y recursos estilísticos para dar vida al discurso.

El verdadero poder de un discurso, se manifiesta cuando el contenido y la forma se entrelazan armoniosamente. En otras palabras, es el equilibrio perfecto entre el fondo y la forma lo que hace que un discurso sea memorable y eficaz.

Cuando el contenido es sólido y profundo, proporciona al orador una base sólida para construir su discurso. Sin embargo, si este contenido no se presenta de manera efectiva, corre el riesgo de perderse en la audiencia.

Es por ello, que es indispensable cuidar el equilibrio entre el contenido del discurso y la forma en la que se presenta, ambos trabajan en forma unida y son eficaces si se utilizan de manera correcta. Un discurso sin fondo, carece de sentido y apoyo lógico. Un discurso sin forma puede aburrir, cansar y no lograr su cometido de conducir a la audiencia a la acción.

## Unidad

Al trabajar en conjunto Forma y Contenido, hemos de tener presente el proporcionar unidad a nuestro discurso, garantizando la armonía y proporción en cada una de sus partes, así como el orden, hábito que hace mas brillante, y, por lo tanto, mas convincente y persuasivo.

## Estilo

El orador, entre otras cualidades y condiciones, debe cuidar de la Forma y el Fondo, pues sabe que ambos constituyen e integran su estilo personal.

La Oratoria y la Retórica aprovechan todos los recursos a su alcance para lograr transmitir puntualmente ideas, pensamientos, emociones, y para ello han de aprovecharse los recursos físicos, intelectuales e incluso los morales y de carácter para lograrlo. Ello, también permitirá el desarrollo de un estilo personal, que como orador lo hará único y memorable.

Es preciso hacer un breve paréntesis en esta parte. En mi experiencia como maestra y entrenadora en discurso, en particular impartiendo el Curso Básico de Oratoria, me he encontrado con oradores que ya han tenido oportunidad de cursar algún entrenamiento de Oratoria o bien que han tenido contacto con otros oradores intercambiando ideas de como realizar una buena presentación.

En variadas ocasiones me han preguntado si el orador debe pararse de cierta forma establecida, si las manos al manejar ademanes deben tener un movimiento igual en todos los casos, si el estilo al expresarse debe ser siempre el mismo que el de los grandes maestros, etc.

Todo ello me ha hecho comprender que cada ser humano tenemos un modo muy propio y particular de ver, de movernos, de hablar, etc., y que por lo mismo es un defecto de los entrenadores o maestros en discurso el pretender que todos sus alumnos lleven el sello del gran maestro "x", esto para mi es una falta de respeto a la individualidad de cada uno.

En este sentido, siempre hago énfasis en la necesidad de que cada uno se exprese según sus propias vivencias, exigencias personales de desarrollo, personalidad, expectativas en la vida, en suma, ¡sin imitar o copiar moldes! ¡Cuántos oradores no han podido desarrollarse porque se les limita en su individualidad, obligándoles a ser como quien les enseña el arte de la elocuencia! Ello, va en detrimento de las posibilidades de desarrollar un estilo propio, mismo que se integra mediante las emociones, el nerviosismo, el énfasis que se imprime en cada discurso, la forma de mover las manos, la gestualidad de cada persona, y considero que nuestra labor es liberar ese estilo personal, habrá oradores vehementes, con voz y presencia que se asemejan al rayo, mientras que otros serán en sus presentaciones acompasados, serenos, mas moderados.

Es por ello, que no podemos ni debemos limitar con moldes establecidos a nadie. La Oratoria es el Arte de la Elocuencia, porque permite a la persona sublimar su pensamiento, su vida y convertirla en una obra.

Pensemos en un momento en grandes oradores y oradoras, en el estilo personal de cada cual al expresarse frente a una audiencia. Por ejemplo, el estilo de Churchill. Un estilo moderado y muy bien trabajado, en ocasiones vehemente y en otras más pausado y suave. O bien en el estilo apasionado de Eva Perón; o en la voz, ritmo y estructura de los discursos de Obama; en el poder de un Luis Carlos Galán o el impecable estilo de Justin Trudeau y Jacinda Arden. Cada cual un estilo, cada cual una forma de presentarse frente al público y convertirse en esa figura que ha trascendido y trascenderá el tiempo y la historia.

EVA PERÓN

# 5 ESTRUCTURA DEL DISCURSO

# ESTRUCTURA DEL DISCURSO

En el vasto mundo de la comunicación efectiva en la Oratoria, la estructura del discurso se alza como un pilar fundamental. Como un arquitecto que cuida cada detalle en la construcción de un edificio, el orador meticuloso da forma a su mensaje a través de una estructura bien definida. Este capítulo se adentra en el núcleo de la oratoria, explorando la importancia de una estructura sólida, su necesidad inherente y las múltiples formas de lograrla.

La estructura de un discurso no es un simple esqueleto, sino el cimiento sobre el cual se erige un mensaje poderoso. Desde los discursos políticos que moldean la opinión pública hasta las charlas motivacionales que inspiran a las masas, una estructura adecuada es esencial para garantizar que las palabras del orador tengan el impacto deseado. En estas páginas, desvelaremos cómo una estructura bien concebida puede convertir un discurso en una experiencia memorable y transformadora.

Desde el "Exordio" inicial que despierta la atención de la audiencia hasta la «Conclusión» que sella el mensaje en la mente del oyente, cada elemento de la estructura del discurso tiene su función específica.

# Estructura del Discurso según la Retórica Clásica

La estructura del discurso según la retórica clásica es un proceso meticuloso que busca dar forma y orden al mensaje del orador. Se basa en una serie de elementos fundamentales que tienen un propósito específico dentro del discurso, y su aplicación cuidadosa es esencial para lograr una comunicación efectiva.

El discurso comienza con el "exordio", que es el momento en que el orador capta la atención de la audiencia y establece una conexión inicial. Esta fase busca despertar el interés y la benevolencia de los oyentes, allanando el camino para el mensaje principal.

A continuación, tenemos la «proposición», donde el orador presenta claramente el tema o asunto que será abordado. Esta parte es crucial para que la audiencia comprenda de qué se trata el discurso y cuál es su propósito.

Luego viene la "confirmación», donde el orador desarrolla y respalda su argumento principal. Aquí es donde se presentan pruebas, ejemplos y argumentos que persuadan a la audiencia y refuercen la posición del orador.

Finalmente, el discurso concluye con el "epílogo», que es el cierre del mensaje. En esta etapa, el orador resume los puntos clave, ofrece una reflexión final y puede hacer un llamado a la acción o dejar una impresión duradera en la audiencia.

La estructura del discurso según la retórica clásica no es solo una fórmula rígida, sino un conjunto de pautas que permiten al orador organizar su mensaje de manera efectiva. Cada uno de estos elementos desempeña un papel vital en la construcción de un discurso coherente y persuasivo, y su aplicación adecuada puede marcar la diferencia entre un discurso olvidable y uno que deja una huella profunda en la mente de la audiencia.

## ESTRUCTURA DEL DISCURSO

Aristóteles, maestro de la retórica, formuló una estructura clásica para el discurso que ha influido en la oratoria hasta la actualidad. Esta estructura se conoce como «la estructura del discurso según Aristóteles» o «la estructura tripartita", y consta de tres partes fundamentales: la inventio, la dispositio y la elocutio. En la oratoria, se debe considerar, además, la memoria y el acto.

La *inventio* busca definir el contenido del discurso, encontrar los argumentos. Es un esbozo de lo que será el discurso y divide el asunto en partes.

La *dispositio* consiste en organizar los distintos elementos de la composición en un todo estructurado. Organizar y componer las diferentes partes de las que se compone el discurso.

Esta estructura del discurso según Aristóteles se basa en la lógica y la persuasión efectiva, pues al organizar el discurso de esta manera, el orador logra una presentación coherente y convincente que facilita la comprensión y retención del mensaje por parte de la audiencia.

# Elementos del discurso

## Exordio

Un exordio efectivo puede marcar la diferencia entre un discurso que capta y mantiene la atención de la audiencia y uno que la pierde desde el principio. Por lo tanto, su importancia y necesidad en la oratoria son innegables, es fundamental para el éxito de un discurso, ya que establece el tono, capta la atención, establece credibilidad y crea una conexión emocional con la audiencia. Al elegir el tipo de exordio adecuado y diseñarlo cuidadosamente, el orador puede disponer de manera positiva a la audiencia hacia sí mismo y su mensaje, sentando las bases para una comunicación efectiva.

El exordio, desempeña un papel crítico, ya que es la primera oportunidad del orador para captar la atención de la audiencia, establecer credibilidad y crear una conexión emocional. Su importancia radica en varios aspectos clave:

**Capta la atención:** En un mundo lleno de distracciones, el exordio es la herramienta que tiene el orador para atraer la atención de la audiencia desde el principio. Un inicio impactante, como una anécdota intrigante, una pregunta provocativa o una cita poderosa, puede generar interés en la audiencia, logrando con ello que se interese de inmediato por el discurso.

**Establece credibilidad:** El exordio también es el momento en el que el orador puede establecer su autoridad y credibilidad en el tema. Esto puede lograrse al mencionar citas, preguntas retóricas, etcétera, que demostrarán el conocimiento y capacidad del orador. Pensemos que la audiencia necesita confiar en el orador para aceptar su mensaje y ello lo genera el conocimiento que muestra.

**Conexión emocional:** Una introducción efectiva también puede ayudar a crear una conexión emocional con la audiencia. Esto se logra al tocar temas que resuenen con los sentimientos y experiencias de la audiencia. Cuando la audiencia se siente emocionalmente conectada, es más probable que esté dispuesta a escuchar y aceptar el mensaje del orador.

En cuanto a los tipos de exordio, aquí hay algunos recursos que un orador puede aprovechar:

**Exordio Narrativo:** En este tipo de introducción, el orador comienza con una historia o anécdota relacionada con el tema del discurso. Esta narrativa puede ser emocionalmente conmovedora, intrigante o humorística, según el tono del discurso y el propósito.

**Cita**: Aquí, el orador comienza con una cita relevante de una figura autorizada, una fuente confiable o una personalidad famosa. Las citas pueden ser poderosas para respaldar la credibilidad y el mensaje del orador.

**Impacto**: Podemos comenzar con una anécdota intrigante, una pregunta retórica impactante o una declaración controvertida que inmediatamente despierte la curiosidad de la audiencia.

**Presentaci**ón personal: Si en el evento no se cuenta con un maestro de ceremonias que nos haya presentado a través de nuestra semblanza, podemos hacer una breve presentación mediante la cual buscamos validar nuestra experiencia y conocimiento del tema o asunto a tratar. Sin embargo, no lo recomiendo ampliamente, hoy en día con tantas herramientas con las que contamos, si hemos podido generar el interés en nuestra exposición seguramente la audiencia "*googleará*" sobre quien habla, ahorramos tiempo que aprovecharemos en una buena "Confirmación o presentación de argumentos".

**Descriptivo**: El orador utiliza la descripción vívida o visual para pintar un cuadro emocional o evocador que prepara a la audiencia para el tema principal del discurso. Esto puede crear una conexión emocional desde el principio.

> **La elección del tipo de exordio dependerá del público, el tema y el propósito del discurso.**

**Las condiciones que un exordio debe poseer son las siguientes:**

**Simple**: Sujeto a las reglas de naturalidad y sencillez pues su fin es atraer la atención, no promover dudas o inquietudes.

**Solemne**: Cuando por la solemnidad del lugar, de las circunstancias, la dignidad del orador y de los oyentes, se exige un tono elevado y, a la vez elegante, que, en este caso, debe predominar en todo el discurso.

**Vehemente**: Cuando la misma audiencia se encuentra en un momento de apasionamiento y mucha energía, debemos considerar estos sentimientos y afectos del auditori, por ello, utilizaremos un inicio también impetuoso, lo que contribuirá a no entibiar los ánimos y dificultar la convicción, y, sobre todo, la persuasión del corazón.

**Improvisado**: Los exordios tomados de las circunstancias imprevistas, producen grandes efectos en el publico, y por el mismo hecho de la " improvisación», hacen que se forme un elevado concepto del orador.

Ejemplo de un exordio poderoso utilizando una frase célebre y una pregunta retórica:

*"En palabras inmortales de Winston Churchill, 'El éxito no es definitivo, el fracaso no es fatal: lo que cuenta es el coraje para continuar›. ¿Cómo podemos, entonces, no sentirnos inspirados por la idea de que hoy, aquí y ahora, podemos ser arquitectos de nuestro propio éxito? ¿Cómo podemos no mirar hacia adelante con valentía, sabiendo que cada desafío es una oportunidad para crecer y aprender?"*

Este exordio combina una cita célebre de Churchill para establecer la importancia del coraje y la perseverancia con una pregunta retórica que involucra a la audiencia de inmediato, haciéndoles reflexionar sobre su capacidad para superar desafíos y buscar el éxito. La combinación de una frase impactante y una pregunta poderosa establece un tono inspirador y cautivador desde el principio del discurso.

## Proposición y división

Es la enunciación clara, breve, sencilla, precisa y completa del asunto que se va a tratar y que apoyará el desarrollo del resto del discurso, ya que estructura en la mente de los oyentes lo que escucharán, dando orden a la presentación y permitiendo a la audiencia seguir el discurso sin problema, este orden que se estable siempre lo agradece el público, pues durante la confirmación le resultará muy sencillo seguir al orador en su exposición.

Puede ser **simple** cuando se trata de un solo punto o **Compuesta**, cuando consta de dos o mas puntos que se pueden dividir en temas y subtemas.

En una proposición simple puede haber una división implícita, que servirá al orador para ordenar su razonamiento. En la proposición compuesta hay, por lo menos, una división explícita y clara. En ambos casos, pero sobre todo en la proposición compuesta, en ocasiones, será importante realizar subdivisiones, ya que, las diversas enunciaciones exigen diferentes capítulos, cuidando el no abusar de estas subdivisiones, pues se podrían convertir en un esquema difícil de seguir para la audiencia.

Mi recomendación en general es solamente utilizar tres divisiones como máximo, que desarrollaremos a lo largo del discurso en la Confirmación. La proposición y las divisiones forman el esqueleto del discurso. Tienen la ventaja de fijar el entendimiento del orador, de facilitar el raciocinio, de mantener la atención del auditorio; sus desventajas se presentan cuando el orador se sobrepasa en el abuso de las subdivisiones. Dicho abuso puede confundir el entendimiento y hacer cansado el discurso, por ello se deben utilizar las divisiones con cuidado y considerar solamente las más indispensables para la buena comprensión del discurso.

Ejemplo de una proposición simple en un discurso que presenta un esquema ordenado de las ideas que se abordarán en la parte de confirmación:

*"En primer lugar, abordaré los antecedentes históricos que contextualizan nuestra situación actual, destacando cómo hemos llegado a este punto y qué factores han influido en la problemática que enfrentamos. A continuación, analizaré los datos y estadísticas más*

recientes que respaldan la magnitud del problema, proporcionando evidencia sólida de su relevancia y urgencia.

En segundo lugar, exploraré las diferentes perspectivas y enfoques que diversos expertos y estudiosos han propuesto para abordar esta cuestión. Esto nos permitirá comprender mejor las posibles soluciones y estrategias disponibles.

En tercer lugar, presentaré ejemplos concretos de iniciativas y programas que han tenido éxito en otros lugares o contextos similares, ilustrando cómo ciertas estrategias han demostrado ser efectivas en la resolución de problemas similares.

Finalmente, destacaré la importancia de la acción colectiva y de nuestra participación activa en la implementación de las soluciones propuestas. Al hacerlo, enfatizaré cómo cada uno de nosotros puede desempeñar un papel significativo en la resolución de este problema y contribuir a un futuro más positivo."

**Steve Jobs**

# Narración

La narración en el discurso tiene el propósito de relatar eventos y hechos necesarios para una comprensión adecuada del tema en cuestión. Aunque no siempre es esencial en todos los discursos, juega un papel de apoyo crucial, ya que permite al orador destacar los acontecimientos que favorecen su argumento mientras atenúa o incluso omite aquellos que podrían perjudicarlo. Esta técnica es ampliamente utilizada en discursos forenses, como defensas legales o alegatos, donde los hechos desempeñan un papel fundamental.

La narración es especialmente valiosa cuando se trata de descripciones detalladas, particularmente en el contexto de eventos históricos. Aquí, la elocuencia del orador puede desplegarse plenamente, ya que tiene la oportunidad de utilizar imágenes vívidas y cautivadoras, relatando con precisión y emoción las experiencias de las que fue testigo o en las que participó, así como aquellas que le fueron transmitidas de manera fidedigna.

ALMIRANTE WILLIAM H. MCRAVEN

Es importante recordar que, si bien la narración es una herramienta poderosa, como todo en la oratoria, debe utilizarse con moderación. Un exceso de narración puede alejar la atención del público y llevar al aburrimiento. Por lo tanto, el orador debe equilibrar hábilmente la narración con otras técnicas discursivas para mantener la atención y el interés del auditorio.

## Confirmación y refutación

Confirmación es la fase en la que se respalda y desarrolla lo presentado en la proposición. Es la parte central o esencial del discurso y donde se manifiestan los argumentos, datos, etc., que le dan sustento y contenido.

En esta etapa, el orador despliega todo su conocimiento y presenta meticulosamente las pruebas, los argumentos, las cifras y datos que respaldan sus afirmaciones, seleccionándolos con gran atención, como se ha abordado en capítulos anteriores.

La utilización de estas pruebas en el discurso es crucial y puede variar según diferentes enfoques. Algunos expertos sugieren que se presenten primero los argumentos más sólidos y luego los menos relevantes. Otros opinan de manera diferente. Cicerón, por ejemplo, adopta un enfoque intermedio, proponiendo que se inicie con un argumento principal, se intercalen los argumentos secundarios y se finalice con los argumentos definitivos e irrefutables para que queden grabados en la mente del público.

Es importante destacar que no todas las pruebas se presentarán de la misma manera ni con la misma extensión. Las pruebas concluyentes y definitivas se introducen de manera individual para enfatizar su contundencia, mientras que las menos significativas se agruparán para fortalecer su validez. La forma en que se presenten estas pruebas, de manera atractiva, sugerente y novedosa, contribuirá en gran medida a fortalecer su impacto.

En ocasiones, no es suficiente respaldar un argumento; en cuestiones complejas y controvertidas, para lograr una persuasión completa, es necesario refutar los argumentos en contra. Esto se conoce como refutación y, aunque no es esencial en el discurso, puede considerarse un complemento de la confirmación.

La refutación se logra efectivamente al demostrar la falsedad de los principios opuestos a nuestro argumento, señalar las contradicciones en los argumentos de los oponentes y exponer la ignorancia del adversario en ciertos temas.

## Peroración y epílogo

La última fase del discurso tiene como propósito reforzar las impresiones generadas durante su desarrollo. En esta etapa, se realiza una recapitulación y síntesis de todo el discurso, sin utilizar los métodos destinados a persuadir o conmover al público, y se conoce como "Epílogo». Sin embargo, cuando además de sintetizar la parte científica, se involucran sentimientos, afectos y pasiones, se denomina "Peroración".

Dado que es la última parte del discurso, su objetivo principal es dejar en los oyentes una sensación de plena satisfacción, y el ánimo positivo de la audiencia hacia todo lo expuesto por el orador. En este punto, se pueden aprovechar todos los recursos de la elocuencia para concluir el discurso de manera impactante.

En discursos simples, no se requiere una peroración elaborada; una conclusión sencilla que satisfaga al público es suficiente. Sin embargo, en discursos de gran envergadura, una peroración elocuente y grandiosa es indispensable.

En cuanto a la longitud de la perorata o del epílogo, estos deben guardar proporción con las otras partes del discurso, al igual que el exordio. En términos generales, la peroración suele ser más breve que el exordio y la confirmación, ya que su enfoque principal es la síntesis y recapitulación. Es importante recordar que la parte fundamental del discurso es la confirmación, por lo que suele ser la más extensa, mientras que el exordio y la peroración tienden a ser más concisos.

## ESTRUCTURA DEL DISCURSO

**OPRAH WINFREY**

# Fórmulas eficaces para realizar discursos

Hemos visto ya, la manera en que estableceremos el propósito de nuestro discurso, la elaboración y la organización del bosquejo, del modo de realizar discursos y de las partes de este, así como inicios y finales de discursos; en este sentido hemos abarcado tanto el fondo como la forma del discurso

Debemos puntualizar, que, para influir en las decisiones o actos de la persona, no basta persuadirla, sino que, muchas veces, es necesario desviar o contrarrestar las tendencias emocionales. Por eso la oratoria ajusta los ánimos y las voluntades y para ello se vale de la ciencia, de la dialéctica y de la elocuencia, como instrumentos para conseguir el fin que se propone. Por ello la forma es instrumento, el fondo es el que convence.

A pesar de que reconozcamos que el fondo es el que reviste de mayor importancia a la pieza oratoria, no podemos olvidar que la forma es de mucha valía para una presentación adecuada, ordenada y eficaz, para que el mensaje que se emita sea claro y elocuente al mismo tiempo.

El presente capítulo, plantea su existencia desde este punto de vista, pues a pesar de que poseamos las herramientas necesarias para realizar un bosquejo adecuado, y sepamos las formas en que podemos iniciar o terminar un discurso, también es necesario tener a la mano diferentes fórmulas para realizar discursos ante la necesidad de improvisar o con el tiempo limitado para su creación.

| Fórmulas | | |
|---|---|---|
| Pasado | Introducción | Problema |
| Presente | Desarrollo | Solución |
| Futuro | Conclusión | Acción |

# Pasado, Presente, Futuro

La fórmula «Pasado, Presente, Futuro» es una herramienta simple y ampliamente útil, sobre todo para la improvisación. Esta puede ser utilizada incluso para un discurso preparado. Su utilidad radica en que todos los aspectos de la vida y la existencia pueden ser divididos en pasado, presente y futuro. El orador aprovecha esta estructura para presentar sus ideas de manera cronológica.

Comienza abordando el pasado, lo que establece un contexto histórico o una base de conocimiento compartido con la audiencia. Luego, se adentra en el presente, donde se desarrolla la parte esencial del mensaje y se presentan los detalles actuales y relevantes. Finalmente, el orador proyecta el futuro, utilizando la imaginación y el razonamiento para describir cómo se aplicarán las ideas o cómo pueden impactar en el futuro.

Esta etapa final del discurso suele contener la conclusión, donde se resumen los puntos clave y se destilan las principales ideas. Además, es el momento en que el orador puede realizar una exhortación o un llamado a la acción, lo que le permite lograr su objetivo con la audiencia.

La fórmula «Pasado, Presente, Futuro» es versátil y efectiva, ya que brinda una estructura clara y coherente para el discurso, permitiendo al orador guiar a la audiencia de manera ordenada desde el pasado hasta el presente y, finalmente, hacia un futuro influenciado por las ideas presentadas.

Esta es una fórmula, que, como ya comentamos, resultará sumamente útil para la improvisación por la facilidad de su aplicación, por su estructura que dará orden y coherencia al discurso.

## Introducción, Desarrollo y Conclusión

Esta fórmula es uno de las más utilizados en la estructura de discursos y presentaciones debido a su eficacia en la comunicación efectiva. A continuación, ampliaré cada una de sus partes:

**Introducción:**

La introducción tiene varios objetivos clave. En primer lugar, debe captar la atención de la audiencia desde el principio. Esto se puede lograr mediante una anécdota intrigante, una cita relevante, una estadística sorprendente o una pregunta provocadora. En segundo lugar, debe establecer el tema y su importancia. La audiencia debe comprender por qué el tema es relevante y por qué debería prestar atención. Finalmente, la introducción debe presentar la declaración de tesis o el propósito principal del discurso.

**Desarrollo**:

**Estructura clara:** El desarrollo del discurso es donde se presenta y se explora el tema en detalle. Para mantener a la audiencia comprometida, es importante organizar las ideas de manera lógica y coherente. Esto se puede lograr mediante el uso de transiciones efectivas entre las secciones o los puntos principales del discurso.

**Argumentaci**ón: En esta sección, el orador presenta argumentos, evidencia y ejemplos para respaldar la declaración de tesis o el mensaje principal. Cuanto más sólidos sean estos argumentos, más persuasivo será el discurso. También es importante abordar posibles objeciones o contrapuntos y refutarlos de manera convincente.

**Claridad y ejemplos:** Es fundamental que el lenguaje utilizado sea claro y accesible para la audiencia. Los ejemplos concretos y las ilustraciones pueden ayudar a hacer que los conceptos sean más comprensibles y memorables.

**Estructura adaptable:** La estructura de desarrollo puede variar según el tipo de discurso. Algunos discursos pueden requerir una estructura secuencial de causa y efecto, mientras que otros pueden beneficiarse de una estructura comparativa o problemática.

**Conclusión:**

**Resumen**: La conclusión debe resumir de manera concisa los puntos clave y las ideas presentadas en el desarrollo del discurso. Esta parte refuerza la comprensión de la audiencia y refresca su memoria sobre lo que se ha discutido.

**Llamado a la acción o reflexión:** Dependiendo del objetivo del discurso, la conclusión puede incluir un llamado a la acción, donde se motiva a la audiencia a hacer algo con la información proporcionada. También puede ser un momento para reflexionar sobre el tema y su relevancia más amplia.

**Cierre memorable:** La última parte del discurso es la que queda más fresca en la mente de la audiencia. Un cierre memorable puede ser una cita inspiradora, una declaración emotiva o una llamada a la reflexión profunda.

JOHN F. KENNEDY

# Planteamiento de un problema, Solución al problema planteado, Exhortación a la acción

Esta fórmula es una estrategia efectiva en la oratoria y la comunicación persuasiva. A continuación, contribuye al diseño de discursos que inspiren a la audiencia a tomar medidas significativas. Proporciona una estructura clara y persuasiva que puede utilizarse en una variedad de contextos y temas, con el objetivo de crear un impacto positivo y duradero.Las partes que la integran son las siguientes:

**Planteamiento de un problema**: En esta etapa inicial, el orador identifica y presenta de manera clara y persuasiva el problema o la cuestión que será el foco del discurso. Es fundamental que el problema esté bien definido y que su relevancia para la audiencia sea evidente. Aquí es donde se captura la atención de la audiencia al presentar un desafío, una preocupación o una oportunidad que necesita ser abordada. Este planteamiento debe despertar interés y empatía en la audiencia, ya que establece la base para el resto del discurso.

**Solución al problema planteado:** Después de haber establecido el problema de manera efectiva, el orador procede a ofrecer una solución o una serie de soluciones viables y convincentes. Es crucial respaldar estas soluciones con argumentos sólidos, evidencia y ejemplos concretos. La audiencia debe comprender por qué estas soluciones son adecuadas y cómo pueden abordar el problema en cuestión. Además, el orador puede destacar los beneficios y las ventajas de implementar estas soluciones, lo que refuerza la persuasión.

**Exhortación a la acción:** La etapa final de la fórmula es donde el orador motiva a la audiencia a tomar medidas concretas. Aquí es donde se establece la conexión entre la solución propuesta y la acción que la audiencia debe emprender. El orador puede utilizar un lenguaje inspirador y convincente para instar a la audiencia a comprometerse con la solución, ya sea a nivel individual o colectivo. Es importante proporcionar pasos claros y prácticos que la audiencia pueda seguir para implementar la solución y superar el problema. Esta parte del discurso es fundamental, ya que el objetivo es lograr un impacto real y el cambio deseado.

## ESTRUCTURA DEL DISCURSO

Esta fórmula proporciona una estructura clara y lógica que facilita la comprensión y la retención del mensaje por parte de la audiencia. El planteamiento del problema genera interés, la solución ofrece una dirección concreta y la exhortación a la acción motiva a la audiencia a participar.

Al abordar un problema que afecta a la audiencia y ofrecer soluciones significativas, el orador puede establecer una conexión emocional y ganar la confianza de la audiencia. Esto aumenta la probabilidad de que la audiencia tome medidas.

Esta es una fórmula es versátil y se puede aplicar a una amplia gama de temas y contextos, desde discursos persuasivos sobre temas sociales hasta presentaciones empresariales que buscan resolver problemas y promover la acción.

La exhortación a la acción empodera a la audiencia al proporcionarles las herramientas y la motivación necesarias para abordar el problema. Esto puede generar un sentido de logro y participación activa.

**ALEXANDRIA OCASIO-CORTEZ**

## Fórmula Mágica

> **"FÓRMULA MÁGICA "EXORDIO ---------- ¡No MMMSSS!**
>
> **PROPOSICION -------- ¿Por qué abordar eso?**
>
> **CONFIRMACION ---- ¡Por ejemplo!**
>
> **EPILOGO       ---------- Entonces, ¿Qué?**

En la oratoria más formal, a menudo denominada clásica, la estructura de todo discurso sigue una fórmula tradicional, de la cual ya hablamos en un capítulo anterior, pero que consideramos necesario incluirla en este apartado de fórmulas, pues las preguntas y frases que contiene la fórmula magica nos ayuda a entender mucho mejor por la etapa que la audiencia puede estar transitando durante cada momento de la presentación del discurso.

Esta fórmula condensa la compleja fórmula clásica en diez palabras sencillas como una respuesta efectiva para estructurar discursos. Que nos resultan útiles a la hora de formular y estructurar el discurso.

Es así, que entenderemos que:

**Exordio (comienzo):** En esta etapa inicial, el orador busca captar la atención de la audiencia y establecer una conexión inicial con los oyentes.

**¡No MMMSSS!:** Corresponde al exordio y representa la necesidad de captar la atención inicial de la audiencia. Indica que el público suele ser inicialmente displicente y necesita un comienzo impactante para despertar su interés y benevolencia

**Proposición:** Aquí, el orador presenta el tema o asunto central que tratará durante su discurso. Es la declaración inicial de lo que abordará.

**¿Por qué abordar eso?:** Se relaciona con la proposición, donde el orador presenta el tema y su relevancia. En este punto, la audiencia está psicológicamente preparada para escuchar la esencia del mensaje y desea comprender por qué el orador eligió ese tema.

**Confirmación:** En esta fase, el orador procede a demostrar su punto de vista o tesis a través de argumentos, evidencia y ejemplos.

**¡Por ejemplo!:** Refleja la confirmación, donde se espera que el orador respalde su tesis con ejemplos y pruebas.

**Epílogo (final del discurso):** La conclusión del discurso es donde el orador resume y refuerza sus argumentos, y puede incluir un llamado a la acción o una reflexión final.

**¿Entonces qué?:** Representa el epílogo, donde se espera que el orador responda a la pregunta «¿Qué debemos hacer al respecto?». Finalmente, la audiencia, después de seguir la secuencia, busca orientación sobre cómo actuar o qué hacer en respuesta al mensaje del orador.

# Inicios y Finales de Discursos

**Como iniciar los discursos.**

Lo principal en todo discurso es atraer la atención del auditorio desde las primeras palabras que dice el orador. Esto solo se puede lograr con algo interesante, con algo que haga pensar al público, que mueva la imaginación de los oyentes o que genere curiosidad.

El principio de un discurso se puede considerar como la tarjeta de presentación del orador. Con un comienzo oportuno, correcto, claro, adecuado y/o interesante, el orador podrá de inmediato generar la necesaria atención e interés. Ya hablamos de algunas de las maneras en las que podemos iniciar un discurso, cuando nos referimos al Exordio en una sección anterior, sin embargo, aquí les compartimos otras más que serán de utilidad.

**Pregunta**: Es común que, al emplear el primer recurso, que consiste en plantear una interrogante, se logre una respuesta inmediata en la mente de la audiencia, ya que se les insta a reflexionar sobre la pregunta presentada. Esta pregunta debe estar claramente relacionada con la idea principal del tema. Es importante asegurarse de que la pregunta no tenga una respuesta inmediata, esta debe ser lo suficientemente desafiante como para fomentar la reflexión en nuestro público. Además, es esencial proporcionar la respuesta a la pregunta y utilizarla como base para el desarrollo del mensaje.

**Con un objeto**: Otra forma efectiva de captar la atención de la audiencia es mostrar un objeto. Sin embargo, una vez que se haya logrado el objetivo, se debe retirar el objeto de la vista. Esta técnica teatral puede ser altamente beneficiosa, pero es fundamental que el objeto esté relacionado y sea relevante para el mensaje que se va a transmitir.

**Frase**: El inicio de un discurso puede adquirir gran impacto y prestigio al mencionar una cita relevante, que puede ser una frase célebre, un refrán, una sentencia propia o incluso un fragmento de un poema. Esta técnica agrega elegancia al discurso y establece una conexión con la audiencia a través de las palabras de otros.

**Imaginación:** Para despertar la imaginación de la audiencia, puede plantear una declaración inicial que sea un tanto confusa, lo que obligará a la audiencia a reflexionar y buscar una comprensión. Sin embargo, es fundamental proporcionar una explicación inmediata para evitar que la audiencia quede confundida, a menos que el objetivo sea específicamente estimular la imaginación.

**En forma casual:** Esta técnica es aconsejable en grupos donde ya existe familiaridad y en los que el orador disfruta de un alto nivel de prestigio y credibilidad. Comienza el discurso de una manera casual, como si se tratara de una casualidad, lo que despierta la curiosidad y la imaginación de la audiencia. Sin embargo, es importante que el orador avance rápidamente hacia el tema principal y no divague en exceso. Esta aproximación involucra al público de manera emotiva, especialmente cuando se introduce el tema o motivo del discurso de manera inesperada y sorprendente.

---

**Puntos a considerar:**

**Tipo de público**

**Contenido**

**Ocasión**

# Finales de Discursos

Si bien el inicio de un discurso es de suma importancia, su conclusión no se queda atrás, y posiblemente sea igual o incluso más relevante. Las últimas palabras de un orador tienen el potencial de dejar una impresión duradera en la mente del público y ser recordadas a largo plazo.

El cierre de un discurso debe ser impactante, persuasivo, convincente y lleno de entusiasmo. No solo se trata de las palabras finales, sino también de la actitud del orador, que debe reflejar su autenticidad y pasión por el tema que está presentando. Sin estas cualidades, incluso las palabras adecuadas podrían no tener el efecto deseado.

El final de un discurso debe ser presentado de manera enérgica, persuasiva, convincente y entusiasta. Además de las palabras finales, el orador debe mostrar su compromiso y pasión por el tema que está exponiendo. Sin estas características, incluso las palabras de cierre adecuadas pueden no tener el impacto deseado y deslucir un excelente discurso.

Para lograr un cierre efectivo, que refuerce y potencie todo el discurso, y que inspire al público a la adhesión, la aceptación y la acción, es fundamental elegir una estrategia de cierre adecuada según el tipo de discurso. A continuación, se presentan algunas de las formas más efectivas para finalizar un discurso:

**Exhortar:** El orador puede finalizar su discurso alentando a la audiencia a tomar medidas, a accionar en determinado aspecto y/o a reflexionar sobre lo que se ha expuesto.

Este enfoque es especialmente útil para discursos persuasivos, sin embargo, y esta es una recomendación que doy en mis clases, podemos evitar incluir las palabras "los exhorto, los conmino, los invito..." El orador que goza de credibilidad ganada a través de su desempeño, hara ese llamado a la acción en forma poderosa, dando la indicación directa, sin dar vuelta al asunto.

**Producir un clímax:** El orador puede construir gradualmente su discurso hacia un punto culminante que tenga un fuerte impacto emocional en la audiencia, este conlleva un gran esfuerzo y se debe estar atento al momento en que este climax se puede producir. En ocasiones puede ocurrir que la perorata ha sido tan poderosa que el público ya se encuentra de pie, aplaudiendo y listo para el cierre, en ese momento si el orador decidiera continuar con el epílogo seguramente provocaría que ese estado emocional poderoso se caiga y se pierda. El volverlo a conseguir implica un gran esfuerzo.

Por ello, en mis talleres les indico a los participantes, que es imprescindible contar siempre con el inicio y final del discurso en mente, si el climax se logró antes de tiempo, siempre podremos recurrir a ese final diseñado con anterioridad y que permitirá mantener el estado emocional, y, por lo tanto, lograr que la impresión de la audiencia sea la de tener la certeza de que acaban de presenciar el trabajo de un orador poderoso.

**Mencionando una cita**: Utilizar una cita relevante al tema puede añadir autoridad y profundidad al discurso, dejando una impresión duradera en la audiencia. Esta cita puede ser el fragmento de una poesía, una frase célebre, un fragmento corto de un libro, etc. Pero, deberá cumplir con ser breve, contundente, relacionada al tema, y dicha con entonación, ritmo, modulación que deje saber a la audiencia que se concluyó la disertación, evitando con ello el dar las gracias o como se acostumbra ahora en México entre la clase política decir: "Es cuanto".

**Con las mismas palabras de inicio:** Algunas veces, regresar al punto de partida, utilizando las mismas palabras o conceptos clave con los que se inició el discurso, puede ser un cierre efectivo para enfatizar el mensaje central.

**Resumiendo:** En discursos informativos o académicos, es útil resumir los puntos clave o las conclusiones principales para reforzar la comprensión del público y permitir su recordación. En este tipo de discursos, que generalmente son más largos, el retomar al final los aspectos primordiales desarrollados durante la presentación será algo que el público agradezca y reconozca en el orador.

**Con una pregunta**: En discursos filosóficos, políticos, científicos o religiosos, plantear una pregunta provocadora al final puede fomentar la reflexión y dejar a la audiencia con una sensación de búsqueda de respuestas.

Sin embargo, debemos recordar que esta pregunta no debe ser construida de manera tal que el público la pueda responder en forma inmediata o que sea una pregunta de imposible respuesta. La pregunta debe estar tan bien construida que invite al público a una acción reflexiva, a un momento de introspección lo cual permitirá que el mensaje se convierta en memorable, pues muchas veces compartirán la misma con quien lo haya acompañado al evento, colegas o familia para llegar a una conclusión o respuesta que le satisfaga.

Recordemos que un buen final no solo refuerza el mensaje, sino que también puede inspirar a la audiencia y llevarla a la acción o la reflexión. Por lo tanto, es crucial elegir la fórmula de cierre más adecuada para el tipo de discurso y el objetivo deseado, tengamos presente, que, cada una de estas estrategias tiene su lugar y propósito en función del tipo de discurso y el efecto que queremos lograr en la audiencia.

Margaret Thatcher

# 6 TIPOS DE ORATORIA

# TIPOS DE ORATORIA

## Oratoria Política

La oratoria política se ha utilizado desde tiempos antiguos, con líderes como el elocuente Demóstenes, Quintiliano, Corax, Aristotéles, Aspasia, Pericles y Cicerón, entre algunos de los que han sido considerados maestros en el arte de la persuasión y el discurso político, que además aportaron obras, que hoy en día siguen siendo utilizadas por quienes se dedican a la elocuencia parlamentaria o electoral.

Es importante mencionar, a aquellas mujeres como: Maesia, Hortensia, Aspasia, Licinia Eudoxia, entre otras, y de quienes, aunque no se conservan discursos, en la mayoría de los casos, llegan hasta nosotros la referencia y el prestigio que estas mujeres por su poderoso dominio de la palabra hablada, de la retórica generaron en su época. Es importante recordar que debido a la limitada disponibilidad de fuentes históricas y a la manera en que las voces femeninas a menudo fueron subrepresentadas en la historia escrita por hombres, es probable que hubiera muchas más mujeres oradoras de las cuales no tenemos registro.

Aristóteles, en su obra «Retórica,» abordó la importancia de la persuasión en la vida política. Argumentaba que la retórica era esencial para que los líderes políticos pudieran influir en las opiniones de los ciudadanos y lograr sus objetivos políticos. En su visión, la oratoria política no se limitaba a la simple presentación de argumentos lógicos, sino que también involucraba la habilidad de apelar a las emociones y valores de la audiencia, lo que resultaba crucial para ganar su apoyo; sostenía que la retórica era el arte de persuadir a otros mediante el uso efectivo del lenguaje y la argumentación. Creía que la persuasión era esencial en todos los aspectos de la vida, incluyendo la política.

Desde la perspectiva de Aristóteles, la política era una actividad pragmática y retórica. Esto significa que, además de tomar decisiones prácticas y gestionar asuntos públicos, los líderes políticos debían ser capaces de comunicar sus decisiones y argumentos de manera efectiva para ganar el apoyo de la ciudadanía.

Aristóteles identificó tres elementos clave de la retórica que eran esenciales para la oratoria política, que ya hemos mencionado en un capítulo anterior, pero que sintetizamos a fin de recordatorio

**Ethos**: Integras la credibilidad y la ética del orador. Para persuadir a la audiencia, un líder político debía ser visto como creíble, competente y digno de confianza. La audiencia debía confiar en que el orador tenía sus mejores intereses en mente y que estaba bien informado sobre el tema en cuestión.

**Pathos**: Se refiere a las emociones de la audiencia. Aristóteles argumentaba que la persuasión efectiva no se limitaba a argumentos lógicos, sino que también debía involucrar la conexión emocional. Los líderes políticos debían ser capaces de despertar emociones en la audiencia, como la empatía, la ira o la esperanza, para movilizar su apoyo.

**Logos**: Implica la lógica y la argumentación racional. Los líderes políticos debían presentar argumentos sólidos respaldados por evidencia lógica y convincente. La capacidad de construir argumentos sólidos y presentar datos de manera efectiva era esencial para persuadir a la audiencia.

Es así que la Retórica va a imperar como disciplina del mundo antiguo, sin embargo, en la edad media entra en un periodo "oscuro" ya que es limitada a la estilística y descuida no ingenuamente la argumentación.

Mucha forma, pero poco contenido. Esta decadencia continua hasta los años cincuenta (S.XX), momento donde es revitalizada con aportaciones de distintas disciplinas que favorecen la recuperación mediante un diálogo de distintas posturas.

Chaim Perelman, en la Teoría de la Argumentación (1958), establece nuevas reglas para la Retórica, retoma la visión Aristotélica para fortalecer el "Bien decir" conducido por él bien pensar y el bien seguir las reglas establecidas desde la antigua Grecia para el dominio de la

Oratoria, que unida a la Retórica generan discursos que trascienden su momento y quedan para la posteridad.

Nos parece central lo dicho por Miguel Ángel Rosales Alvarado (2018) cuando señala que:

> "...se ha superado la visión peyorativa de la Retórica como una mera oratoria conducida por la propaganda, por el control de masas, por el engaño y la seducción de la mentira. En cambio, pretendemos recuperar la buena y sensata óptica de la sabiduría política, una Retórica formadora de ciudadanos y gobernantes" (Alvarado, 2013).

Por su parte, Teun Van Djick (1999), afirma

> "...que mucho del trabajo sobre el discurso político tradicionalmente fue hecho bajo la amplia etiqueta de la –retórica-. Esto no es, claro, sorprendente cuando nos damos cuenta que la retórica clásica, aparte de sus usos en las salas de tribunales, se desarrolló primariamente como in "arte" para persuadir a la gente en el marco de una asamblea política. Los argumentos especiales, las figuras y las formas singulares de estilo se asociaron tradicionalmente con el texto político y el habla. Desde luego, las nociones de sentido común respecto del discurso político tan típicas como la verborrea, el hiperbolismo, la deshonestidad y lo inmoral a veces simplemente fueron resumidas con la negativa etiqueta de –retórica-."

Según el término acuñado por Alfonso Reyes, los discursos logorreícos sufren de una especial enfermedad que lo deforman al utilizar la falacia o el engaño, formas que nos conducen a considerar a la retórica como estéril, utilizada para revestir discursos con formas bellas en el decir, pero inútiles para las sociedades. Tal como manifiesta García Cantú: "Cada vez que la logorrea se apodera de los gobernantes la república se confunde, lo que puede y debe evitarse".

Consideramos relevante el uso de la Retórica en el siglo XXI, ya que necesariamente está presente en toda comunicación humana que presta atención y busca el orden, que se apoya en las formas, pero, también trabaja el contenido profundo y propositivo en el discurso. Reconocemos los muchos beneficios que la retórica entrega a los ciudadanos, políticos y gobernantes, desde hace mucho tiempo, pero no accedemos a ella en forma ordenada en cuanto al uso de reglas y conocimientos sistematizados.

Por lo tanto: es necesario retomar los principios rectores y aprovecharlos para el discurso político actual, discurso que ciertamente ha perdido su poder e influencia no resuena en la mente del ciudadano y genera más disgusto que disposición de escucha al político. Silvia Gutierrez señala (1998):

> *El discurso no es* únicamente un vehículo destinado a la transmisión de infor*maciones es un medio de acción* y de intervención política que permite construir y modificar las relaciones de los interlocutores, sean estos individuos o grupos sociales bien definidos. Dado que es una práctica social y define modalidades de acción con las *que nos comunicamos, el discurso es po*lítico, o bien, valga la expresión -todos somos políticos a través del lenguaje- para designar nuestra cualidad como animales políticos y simbólicos que estamos en constante interpretación de la realidad.

Es por todo ello, que, la aplicación de los principios retóricos: *Ethos, Logos y Pathos*, en la oratoria política debe ser tomado en cuenta siempre. Los discursos políticos efectivos a menudo han incorporado estos elementos para ganar la atención y el apoyo de la audiencia. Por ejemplo, líderes como Martin Luther King Jr. recurrieron al ethos y fueron consideraddos como líderes éticos y confiables. También apeló al pathos al movilizar emociones en la lucha por los derechos civiles. Del mismo modo, líderes como Winston Churchill utilizaron argumentos lógicos (logos) para justificar sus políticas y movilizar a la nación durante la Segunda Guerra Mundial.

**WINSTON CHURCHILL**

Hoy, la retórica aristotélica sigue siendo relevante. Los líderes políticos y los estrategas de comunicación comprenden la importancia de la credibilidad, la conexión emocional y la argumentación sólida en la persuasión efectiva. Además, con la proliferación de los medios de comunicación y las redes sociales, la habilidad para comunicar de manera efectiva se ha vuelto aún más crucial en la política contemporánea.

La oratoria política y la retórica aristotélica deben seguir estrechamente relacionadas, ya que como Aristóteles enfatizaba la importancia de la persuasión efectiva en la política a través del desarrollo de la credibilidad, el uso ético de las emociones y el desarrollo de la lógica argumentativa, como principios retóricos siguen siendo fundamentales en la política moderna, donde la capacidad de comunicarse de manera efectiva es esencial para ganar apoyo y avanzar en agendas políticas.

El dominar la palabra en un contexto político, es una habilidad esencial para cualquier líder político o candidato. A través de la comunicación efectiva, los líderes pueden inspirar, persuadir y motivar a su audiencia, a la ciudadanía o a los electores, así como también defender y promover sus políticas y agendas. No se trata solo de palabras, sino también de autenticidad, credibilidad y adaptación a las necesidades de la audiencia.

Esta habilidad es más importante que nunca para tener un impacto significativo en la política y la sociedad. Es una herramienta crucial para cualquier líder político o candidato. Es la forma en la que se comunican los mensajes y se persuaden a otros de las ideas y políticas que se defienden. A través de ella, los líderes pueden inspirar y motivar a sus seguidores, así como también presentar su causa, adherirse a la causa de la ciudadanía o defender sus propios puntos de vista ante una audiencia amplia.

**Angela Merkel**

# Elementos clave en el desarrollo del discurso político

Hay algunos elementos clave que deben considerar para desarrollar una oratoria política elocuente, además de que sienta las bases para la adecuada construcción de la narrativa.

En la siguiente gráfica hablamos de ello, de esta construcción de la narrativa del personaje político, sea candidato o se encuentre en gestión de gobierno, es indispensable que se trabaje en cada aspecto para lograr unificar el discurso, la personalidad, los valores, el tema o causa, etc. Y ello proporcione solidez y congruencia al discurso político.

**CONSTRUCCIÓN DE NARRATIVA**

- ATRIBUTOS PERSONALES FODA
- VALORES
- MISIÓN Y VISIÓN
- PROPUESTA CAUSA TEMA
- EJES ESTRATÉGICOS
- AUDIENCIAS OBJETIVO
- LÍNEAS DISCURSIVAS

Como bien sabemos, el proceso político y electoral o el desarrollo de la gestión son actividades altamente complejas y competitivas, y para tener éxito en cualquiera de las dos actividades, es esencial llevar a cabo una planificación estratégica exhaustiva.

De ahí que en cuanto a la construcción de la narrativa del candidato o autoridad gubernamental, deban considerarse los siguientes aspectos:

El análisis **FODA** (Fortalezas, Oportunidades, Debilidades y Amenazas), es una herramienta valiosa para el conocimiento puntual del orador y poder a partir de él construir la imagen, narrativa, estrategia discursiva que seguirá para la construcción de mensajes poderosos y discursos persuasivos. También hay varios aspectos adicionales que son fundamentales para la construcción de una estrategia política efectiva:

**Clarificación de Valores Personales**: Los valores personales son los principios éticos y morales que guían las acciones y decisiones de un político. Identificar y aclarar estos valores es fundamental, ya que proporcionan la base para la toma de decisiones y la construcción de una imagen auténtica y coherente.

**Misión y Visión:** La misión se refiere a la declaración de propósito de un político, es decir, lo que se propone lograr. La visión se relaciona con la imagen del futuro que aspira a crear. Estas declaraciones proporcionan una guía clara y una dirección a seguir en la política, que permite al orador político alinear estos aspectos clave de manera

**Propuesta y Tema Específico:** A partir del análisis FODA, los valores personales, la misión y la visión, se debe determinar cuál será la propuesta política central, la causa que representará (propia o de la ciudadanía) o el tema específico sobre el que desarrollará su oferta política.

Esta es su motivación para buscar ser elegido y/o servir desde un cargo público, es muy importante el garantizar que se comprenda ampliamente el por qué un individuo decide contender en un proceso electoral o ejercer un cargo en el gobierno. Esta motivación puede variar ampliamente, desde el deseo de hacer cambios significativos en la comunidad hasta las razones y motivaciones personales. Una comprensión profunda de esta motivación ayuda a comunicar una narrativa auténtica.

La propuesta debe abordar un problema o desafío que resuene con la comunidad a la que se dirige y consigo mismo. Además, un político debe comprender claramente la perspectiva y la postura de la corriente política a la que pertenece, incluyendo sus valores, principios y su ideología. Esto ayuda a comunicar de manera efectiva la plataforma política y a establecer conexiones con los votantes afines.

En un debate, en una entrevista o en una presentación frente a la ciudadanía el contar con una propuesta clara y el tema específico bien delineado, permite claridad en la argumentación y presentación de ideas, evita que las distracciones lo conduzcan a lugares no deseados, logrará con ello reconducir hacia su objetivo que será el comunicar para persuadir a la audiencia, al entrevistador o al contendiente que cuenta con una propuesta sólida que conoce a la perfección.

**Ejes Estratégicos, Líneas Discursivas y Audiencias Objetivo:** Con todos estos elementos en mente, se pueden definir los ejes estratégicos que guiarán la oferta política. Esto incluye identificar las audiencias objetivo, comprender sus necesidades y preocupaciones, y adaptar el mensaje a cada grupo demográfico o de interés.

En cuanto a las Las líneas discursivas hemos de tener en cuenta, que estas son los mensajes clave que se utilizarán para comunicar la propuesta política, los cuales deben adaptarse a cada contexto y audiencia específica para asegurarse de que resuenen y sean efectivos.

Como podemos darnos cuenta, la estrategia para construir un discurso político efectivo y una propuesta única, van más allá del análisis FODA pues, además requieren una comprensión profunda de los valores personales, la motivación, la misión y la visión del candidato o servidor público. Además, implica la identificación de un tema central, la comprensión de la perspectiva política, y la adaptación de la comunicación a las audiencias objetivo. Esta planificación estratégica es esencial para construir una oferta política sólida y comunicarla de manera efectiva a los votantes y ciudadanos.

# El lenguaje oratorio en el marco del discurso político

**Lenguaje Claro:**

Otro elemento crucial de la oratoria política es el **lenguaje**. Es importante utilizar un lenguaje **claro, sencillo** y **f**ácil de entender, evitando el uso de términos técnicos o jerga que puedan ser difíciles de comprender para la audiencia.

Según la *International Plain Language Federation*, una comunicación está en Lenguaje Claro si "la lengua, la estructura y el diseño son tan claros que el público al que está destinada puede encontrar fácilmente lo que necesita, comprende lo que encuentra y usa esa información."

Es por ello, y que de acuerdo a esta iniciativa internacional, que debemos considerar que cada palabra que se utiliza en el discurso debe permitir que la audiencia lo comprenda o bien que genere estados y emociones profundas en quien escucha, recordemos que la palabra tiene ese poder.

Una palabra bien utilizada, ante la audiencia correcta y ubicada dentro del discurso en forma estratégica puede convertirse en un lema de campaña o de gestión. Una palabra mal utilizada, por el contrario, puede generar emociones, pensamientos y acciones contrarias a lo que buscábamos en el discurso,

En la oratoria política, cada palabra que un político elige cuidadosamente para expresar sus ideas y opiniones tiene un impacto significativo en la construcción de relaciones con la audiencia, la generación de emociones y la percepción de la imagen del político. El lenguaje es una herramienta poderosa que puede influir en la forma en que la audiencia percibe al político y su mensaje. A continuación, examinaremos cómo las palabras pueden ser utilizadas de manera efectiva para establecer conexiones positivas o, en su defecto, dañar la imagen del político y llevar a la audiencia al rechazo del mensaje.

Por ello el lenguaje debe ser claro y transparente, las palabras deben ser claras y comprensibles para la audiencia. Utilizar un lenguaje accesible y evitar jerga política o términos técnicos excesivamente complejos ayuda a que la audiencia se sienta conectada y comprenda el mensaje.

La **transparencia** en la comunicación también es esencial para construir confianza con la audiencia y generar empatía, ya que el lenguaje debe demostrar esta capacidad de comprender las preocupaciones y necesidades de la audiencia. Utilizar palabras que muestren comprensión y preocupación genuina por los problemas que afectan a la comunidad puede generar una conexión emocional con la audiencia.

Las palabras también pueden **inspirar** a la audiencia. Utilizar un lenguaje positivo y motivador puede movilizar a las personas y generar entusiasmo en torno a una causa o propuesta política. Las palabras pueden pintar un futuro mejor y persuadir a la audiencia de que el político es la persona adecuada para liderar ese camino, por ello, hemos de evitar el discurso negativo, el uso excesivo de un lenguaje negativo, ataques personales o discursos polarizantes puede tener un efecto negativo en la percepción del político. En lugar de construir relaciones, este tipo de discurso puede generar hostilidad y división en la audiencia.

Las palabras deben reflejar la **autenticidad** del político. La audiencia valora a los políticos que hablan con sinceridad y coherencia. El uso de un lenguaje auténtico ayuda a construir una imagen de integridad y confiabilidad, pero, además, al utilizar palabras y referencias que resuenen con la cultura y las experiencias locales de la audiencia puede fortalecer la conexión. Los políticos deben adaptar su lenguaje para que sea relevante para su audiencia específica. La oratoria política no solo se trata de lo que dice el político, sino también de cómo escucha. Utilizar palabras que demuestren que el político valora las opiniones y preocupaciones de la audiencia puede fortalecer la relación y construir una imagen de liderazgo receptivo.

Es así, que, cada palabra en el discurso político es una herramienta poderosa que puede construir o destruir la imagen de un político y su mensaje.

Los políticos deben ser conscientes del impacto que sus palabras pueden tener y utilizar el lenguaje de manera estratégica para construir relaciones positivas con la audiencia, generar emociones positivas y lograr que su mensaje sea bien recibido. La oratoria política efectiva implica no solo lo que se dice, sino cómo se dice y cómo se escucha, todo con el objetivo de ganarse la confianza y el apoyo de la audiencia.

Además, en el ámbito de la oratoria política, es fundamental comprender que cada palabra pronunciada por un político puede ser capturada y amplificada por los medios de comunicación, lo que puede tener un impacto significativo en la percepción pública y en la imagen del político. Los medios de comunicación son un canal esencial para llegar a una audiencia más amplia, y la elección de palabras debe considerar cómo estas serán interpretadas y presentadas por los medios.

Ejemplo de un discurso difícil de comprender debido al uso excesivo de palabras técnicas, complejas o difíciles de comprender por la audiencia, Este discurso utiliza un lenguaje complejo y palabras poco comunes, lo que dificulta la comprensión y aleja al público de los conceptos que se intentan transmitir, desafortunadamente muchos políticos aun lo utilizan.

> *"Estimados ciudadanos y ciudadanas, es imperativo que consideremos y articulemos, en el contexto de las contingencias actuales, un paradigma exegético* que nos permita, de manera inescapable, propender hacia la optimización de los recursos infraestructurales con miras a la concreción de un progreso socioeconómico que, a la postre, redunde en el mejoramiento **sustancial de la calidad de vida de nuestra població**n.»

Ejemplo de un discurso claro y sencillo. Este discurso utiliza un lenguaje claro y directo, con palabras y frases que son fácilmente comprensibles para la mayoría de las personas. El mensaje es simple y enfocado en las preocupaciones cotidianas de la comunidad.

# TIPOS DE ORATORIA

*"**Queridos vecinos, hoy quiero hablarles sobre la importancia de mejorar nuestras carreteras. Todos sabemos lo frustrante que puede ser quedar atrapados en el tr**áfico todos los días. Pero también sabemos que carreteras en buen estado significan menos tiempo en el tráfico y más tiempo en casa con nuestras familias. Así que, juntos, vamos a trabajar para arreglar esas carreteras y hacer que nuestra comunidad sea un lugar mejor para vivir.»*

JOSÉ MUJICA

## Narrativa y Framing

La noción del «encuadre» o «framing» emerge de las ciencias sociales como un concepto fundamental que influye en la percepción y comprensión de la realidad.

En esencia, un "frame" es una estructura que atribuye significado a lo que percibimos en función de nuestros marcos de referencia como individuos inmersos en la sociedad y la política. Este concepto se ha arraigado en disciplinas como la sociología y los estudios de medios de comunicación, y su influencia es innegable en nuestra forma de interpretar y procesar la información.

Erving Goffman, un reconocido científico social, definió el «frame» como un esquema de interpretación que nos permite percibir, etiquetar, ordenar, seleccionar e interpretar los eventos y situaciones que nos rodean. Esta perspectiva, conocida como "frame-estratégico,» sostiene que el respaldo hacia una determinada propuesta política crece cuando se logra controlar la discusión pública en torno a ese tema. En otras palabras, el «framing» se convierte en una herramienta poderosa para influir en la opinión pública y el comportamiento de las personas en el ámbito político.

La expansión de esta teoría llega a la lingüística de la mano de Charles J. Fillmore en 1976, quien da origen al estudio de la «semántica de marcos. La obra de George Lakoff titulada "Don't think of an elephant", aborda esta teoría aplicándola al discurso político,

El trabajo de Pan y Kosicki en "Framing analysis: una aproximación a los nuevos discursos», destaca la competencia entre distintos actores en el espacio público cuando se discute un tema. Cada uno busca imponer su propio «frame,» que establece las pautas para desarrollar, argumentar y justificar una propuesta que obtendrá mayor aceptación si logra prevalecer sobre los «frames» de los demás actores. Esta dinámica es especialmente evidente en las campañas electorales, donde la lucha por el triunfo se basa en la habilidad para influir y dominar el «frame» que prevalecerá en la opinión pública.

La teoría del «framing» tiene un impacto significativo en la comunicación política y la opinión pública. Los medios de comunicación desempeñan un papel crucial al aplicar un proceso de interpretación que moldea la comprensión de los sucesos. Además, la formulación adecuada de los «frames» es esencial para que sean efectivos, ya que influyen en las percepciones y respuestas de la audiencia. En última instancia, el «framing» se ha convertido en una herramienta esencial en la estrategia política, permitiendo a los actores políticos influir en la percepción de los problemas y las soluciones planteadas, y así ganar el apoyo de la opinión pública.

El framing es la manera en que se moldea la narrativa y se seleccionan palabras, imágenes o conceptos clave para dar forma a la interpretación de la información por parte de la audiencia. Es una estrategia retórica poderosa que puede utilizarse para enfocar la atención de la audiencia en ciertos aspectos de un tema, mientras se omite o minimiza otros. Al utilizar un marco específico, un orador o comunicador puede influir en cómo se percibe un tema, idea o problema, y puede dirigir la conversación hacia una dirección particular.

Algunos ejemplos de frames:

**Problema-Solución:** Se presenta un problema y luego se propone una solución.

**Consecuencias**: Se enfoca en las posibles consecuencias de una acción o inacción. Puede utilizarse para generar miedo o preocupación, pero también para destacar la importancia de tomar medidas.

**Valores**: Se centra en los valores y principios subyacentes de un tema. Puede ayudar a conectar emocionalmente con la audiencia al apelar a valores compartidos.

**Culpabilidad o Responsabilidad:** Se utiliza para atribuir la culpa o la responsabilidad a una entidad o individuo específico. Puede ser una estrategia de ataque en la política para desacreditar a un oponente.

**Comparación:** Compara una situación o política con otra para resaltar similitudes o diferencias. Puede utilizarse para destacar el éxito o el fracaso de una política.

**Identidad**: Se enfoca en la identidad del orador o del grupo al que representa. Puede utilizarse para fortalecer la conexión emocional con la audiencia.

Es importante destacar que el framing no es inherentemente negativo ni positivo; simplemente es una herramienta retórica utilizada para comunicar de manera efectiva un mensaje. Sin embargo, puede ser manipulativo cuando se utiliza para distorsionar la verdad o engañar a la audiencia al presentar información de manera sesgada o parcial.

En política, los políticos y estrategas a menudo emplean el framing de manera estratégica para influir en la opinión pública, ganar apoyo para políticas o candidatos, o para desacreditar a sus oponentes. Los medios de comunicación también desempeñan un papel importante en el framing al seleccionar cómo presentarán las noticias y qué aspectos destacarán en sus informes. Como consumidores de información, es importante ser consciente del framing y considerar diferentes perspectivas para obtener una comprensión más completa de los problemas políticos y sociales.

Ejemplo de un discurso construido utilizando los principios del "framing":

"Inversiones para un Futuro Sostenible"

*Queridos conciudadanos,*

*Hoy nos reunimos para hablar de un tema que es crucial para nuestro futuro y el de las generaciones venideras: la inversión en sostenibilidad. Todos compartimos el deseo de un mundo mejor, un entorno más saludable y una economía próspera. Pero para lograrlo, debemos cambiar la forma en que abordamos nuestras inversiones y decisiones económicas.*

*Aquí, nuestro «frame» principal es el de «futuro sostenible." Este marco nos permite enfocarnos en un conjunto de valores compartidos: la responsabilidad, la prosperidad a largo plazo y la preservación de nuestro planeta. Al hablar de inversiones, en lugar de simplemente mencionar números y datos financieros, destacamos cómo estas inversiones están construyendo un futuro más sostenible para todos nosotros.*

*Dentro de este marco, discutimos los beneficios econó*micos de las inversiones en energías renovables. En lugar de hablar solo de «energía limpia,» enfo*camos nuestro mensaje en la "creació*n de empleo local y sostenible» y en «reducir nuestra dependencia de fuentes de energía agotables.» Estos términos evocan imágenes de comunidades prósperas y un medio ambiente preservado, lo que resuena con nuestra audie*ncia.*

*Ademá*s, al abordar los desafíos medioambientales, utilizamos el «frame» de la «responsabilidad compartida.» En lugar de culpar a otros por la crisis ambiental, destacamos cómo todos tenemos un papel que desempeñar en la protección de nuestro entorno. *Esta perspectiva promueve la unidad y la colaboració*n en lugar de la polarización.

Al construir este discurso, hemos utilizado el "framing" para enfocar nuestra atención en un «futuro sostenible,» resaltando los valores compartidos, los beneficios económicos y la responsabilidad compartida. Este enfoque ayuda a persuadir a nuestra audiencia y a movilizar el apoyo a las inversiones necesarias para construir un mundo mejor y más sostenible.

**RAÚL ALFONSÍN**

# Titulares y Soundbites

La elección de palabras puede influir en cómo se presenta la historia en los medios. Es importante no olvidar que los medios a menudo buscan titulares llamativos y **soundbites** concisos para sus noticias. Los políticos deben considerar cómo sus palabras pueden ser recortadas y citadas fuera de contexto, lo que podría dar lugar a malentendidos o incluso a la distorsión de su mensaje original.

Los políticos deben ser conscientes de cómo las palabras que eligen pueden provocar reacciones emocionales en la audiencia y cómo estas reacciones pueden ser amplificadas por los medios. Un comentario controvertido, por ejemplo, puede generar debates y discusiones que se extiendan en los medios.

Los titulares y los "soundbites" (fragmentos de discurso concisos y memorables) desempeñan un papel crucial en la comunicación política y en la cobertura mediática. Estas herramientas son esenciales para captar la atención de la audiencia, resumir mensajes complejos y dar forma a la percepción pública.

En un mundo lleno de información constante, los titulares y los soundbites son como anzuelos diseñados para atraer la atención del público. Los medios de comunicación compiten por la audiencia, y un titular atractivo o un soundbite impactante pueden ser la clave para que una historia o un discurso destaque en medio del ruido mediático.

La política a menudo involucra debates y discursos largos y complejos. Los titulares y los soundbites permiten resumir puntos clave en unas pocas palabras o segundos. Esto facilita que la audiencia comprenda rápidamente la esencia de un mensaje o una noticia sin necesidad de sumergirse en detalles complicados.

Los soundbites se eligen cuidadosamente para ser **memorables**. Cuando un político o un comunicador logra crear un soundbite pegajoso, este puede quedarse en la mente de la audiencia durante mucho tiempo. Ejemplos famosos incluyen "Sí, podemos» de Barack Obama o" ¡Es la economía, estúpido!» de la campaña presidencial de Bill Clinton en 1992.

Los políticos y sus equipos de comunicación a menudo trabajan para crear y promover soundbites específicos que respalden su narrativa. Esto les permite controlar el mensaje y enfocar la atención en los temas que consideran más importantes. Por otro lado, para los periodistas, los titulares y los soundbites son herramientas útiles para resumir y presentar información de manera concisa. Ayudan a los medios a comunicar las noticias de manera efectiva y atractiva.

Es importante estar atentos a no caer en la simplificación excesiva, pues, aunque los soundbites son efectivos para resumir mensajes, también pueden llevar a la simplificación excesiva de problemas complejos. Esto puede ser problemático cuando se trata de cuestiones políticas que requieren un análisis profundo y nuance. Estos fragmentos son cuidadosamente diseñados para transmitir mensajes clave y movilizar a la base de votantes.

Es central comprender, que, la elección de un soundbite puede influir en cómo se percibe una política, un candidato o una propuesta. Un soundbite negativo puede dañar la imagen de un político, mientras que uno positivo puede impulsar su popularidad.

Es así que, los titulares y los soundbites son herramientas esenciales en la comunicación política y mediática. Tienen el poder de atraer, resumir, simplificar y moldear la percepción pública de los temas y los actores políticos. La habilidad para crear titulares y soundbites efectivos es altamente valorada en la estrategia de comunicación política y la cobertura mediática, y puede marcar la diferencia en cómo se reciben y se comprenden los mensajes políticos.

**RetoricAcción** "El Poder de la Palabra Hablada"

# YES, WE CAN

"Donde existe una necesidad nace un Derecho"

Eva Perón

"NO PREGUNTES QUÉ PUEDE HACER TU PATRIA POR TI; PREGUNTA QUÉ PUEDES HACER TÚ POR TU PATRIA."

## Control del Mensaje

La estrategia de comunicación debe incluir el control del mensaje. El orador polìtico debe de ser capaz de anticipar cómo sus palabras serán interpretadas y cómo pueden responder a las preguntas o críticas de los medios de comunicación para mantener la coherencia en su mensaje.

Implica la capacidad tanto del orador, así como del equipo de comunicación para gestionar y moldear la forma en que el mensaje es percibido por la audiencia y por los medios de comunicación.

El orador polìtico debe ser proactivo en la anticipación de cómo sus palabras serán interpretadas por la audiencia y los medios. Esto implica considerar las múltiples formas en que un mensaje puede ser entendido y prepararse para abordar esas interpretaciones. Un mismo discurso puede ser interpretado de manera diferente por diferentes grupos, y es esencial estar preparado para ello. También ha de mantener la consistencia en la comunicación asegurándose que el mensaje clave se repita y refuerce en todas las apariciones públicas. Esto ayuda a que el mensaje sea reconocible y memorable para la audiencia.

Un buen orador deberá estar preparado para manejar preguntas difíciles y críticas de los medios y del público. Esto implica la capacidad de responder de manera efectiva, mantener la calma y no desviarse del mensaje principal. La formación en comunicación es útil para desarrollar estas habilidades. En situaciones de crisis, como escándalos o desastres, el control del mensaje es especialmente crucial. Los políticos deben comunicar de manera efectiva la respuesta de su gobierno o campaña y mantener la confianza del público a pesar de la adversidad.

Es importante señalar, que la estrategia de comunicación debe ser adaptable a medida que cambian las circunstancias. Los políticos deben estar preparados para ajustar su mensaje en función de los acontecimientos actuales y las necesidades de la audiencia, sin olvidar que en la era de las redes sociales, el control del mensaje también se aplica a las plataformas en línea. Los políticos deben ser conscientes de cómo sus mensajes en las redes sociales pueden afectar su imagen y cómo pueden ser interpretados por la audiencia.

El control del mensaje no implica necesariamente ocultar información, sino más bien seleccionar cuándo y cómo se comparte. El orador político debe ser transparentes en la medida en que sea apropiado, pero también puede optar por no revelar detalles sensibles o estratégicos, es una parte esencial de la estrategia de comunicación política. Es de central importancia el ser conscientes de cómo sus palabras y acciones son percibidas por la audiencia y los medios de comunicación, y deben ser capaces de gestionar de manera efectiva la interpretación de su mensaje para mantener la coherencia y alcanzar sus objetivos de comunicación. Esta habilidad es fundamental para construir y mantener una imagen positiva y una reputación confiable en el ámbito político.

Ya hemos mencionado la importancia de la claridad en el discurso. El orador debe ser claro en sus declaraciones para evitar malos entendidos. Además, proporcionar contexto completo a menudo ayuda a los medios y al público, a interpretar y presentar las declaraciones de manera más precisa. Por ello, es importante evitar palabras o frases ambiguas o fácilmente malinterpretadas. El orador debe ser cauteloso al utilizar términos que puedan ser interpretados de manera diferente por diferentes grupos de la audiencia o por los medios.

De todo lo anterior podemos señalar la importancia de que el orador debe contar con un entrenamiento exhaustivo en Oratoria, Debate y Media Training que los prepare para enfrentar preguntas difíciles de los medios y les enseñe a utilizar palabras de manera efectiva para transmitir su mensaje sin caer en trampas mediáticas, para que este en posibilidad de argumentar poderosamente ante el contendiente en el debate. Todas son competencias que se pueden entrenar, pero sin disciplina será imposible que se domine el escenario.

Es por ello, que afirmamos, que el poder de las palabras en la oratoria política no solo se limita a la audiencia directa, sino que se extiende a cómo estas palabras serán interpretadas y presentadas por los medios de comunicación. Los políticos deben ser conscientes de la dinámica mediática y considerar cuidadosamente sus elecciones de palabras para evitar malentendidos, controlar el mensaje y construir una imagen positiva tanto ante su audiencia directa como ante el público en general a través de los medios de comunicación. La estrategia de comunicación política debe abordar tanto la comunicación directa como su repercusión mediática para lograr un impacto efectivo.

No hemos dejar de lado la utilización de un tono que sea apropiado para la ocasión y que refleje la postura y los valores del líder o candidato.

Por último, es importante utilizar técnicas de persuasión y argumentación efectivas para convencer a la audiencia de las ideas, causas y motivaciones.

HILLARY CLINTON

# Coherencia y Congruencia del Orador Politico

El discurso político, no se limita solo a los líderes políticos. Los asesores de comunicación, los escritores de discurso (speech writers) y estrategas desempeñan un papel fundamental en la preparación y ejecución de los discursos políticos. Ayudan a los líderes a definir sus mensajes, a practicar su entrega y a adaptarse a las necesidades y preocupaciones de la audiencia. También pueden proporcionar retroalimentación y consejos para mejorar la comunicación.

Es importante destacar que la oratoria política debe buscar comunicar en todo momento la autenticidad y la credibilidad del orador. Los líderes políticos deben ser vistos como creíbles y confiables por su audiencia para que sus mensajes sean efectivos. La **coherencia** entre lo que se dice y lo que se hace es esencial para ganar la confianza de la ciudadanía o de los electores.

Es asi, que la coherencia se refiere a la consistencia en el discurso y las acciones a lo largo del tiempo, mientras que la congruencia implica que las palabras y acciones del político estén alineadas con sus valores y principios. Son dos cualidades fundamentales en la comunicación política, ya que contribuyen de manera significativa a la credibilidad y la confianza que el público deposita en un orador político.

Cuando un orador político es coherente en su discurso y acciones, demuestra que es fiable y digno de confianza. La falta de coherencia, por otro lado, puede dar lugar a sospechas y escepticismo por parte del público. Los votantes desean saber que el político cumplirá sus promesas y mantendrá sus compromisos a lo largo de su mandato, y la coherencia en su historial de comunicación y comportamiento es un indicador importante de ello.

La congruencia, por su parte, es esencial para que el público perciba al político como auténtico y genuino. Cuando las palabras y acciones de un político están en línea con sus valores declarados y su ideología, la audiencia tiende a confiar en su integridad. Los políticos que son percibidos como congruentes son más efectivos en la construcción de conexiones emocionales con los votantes y en el establecimiento de una imagen de liderazgo coherente.

La falta de congruencia, por otro lado, puede socavar la credibilidad de un político y dar lugar a acusaciones de hipocresía o falta de honestidad. Los votantes suelen ser críticos a la hora de evaluar si un político actúa de acuerdo con lo que predica, y cualquier desalineación entre las palabras y las acciones puede erosionar la confianza pública.

No debemos perder de vista que tanto la coherencia, como la congruencia son esenciales en la comunicación política porque contribuyen a la credibilidad y la confianza del público en el político. Los votantes quieren líderes en quienes puedan confiar y que sean auténticos en sus palabras y acciones. La falta de cualquiera de estas, puede dañar la imagen de un político y socavar su capacidad para conectar con la audiencia y ganar su apoyo. Por lo tanto, estos aspectos deben ser cuidadosamente considerados y mantenidos en la estrategia de comunicación política.

**Nelson Mandela**

## Oratoria Política: Arte y Estrategia:

La oratoria política es una disciplina que combina el arte de la persuasión con una estrategia cuidadosamente planificada para comunicar mensajes políticos de manera efectiva y persuadir a la audiencia. Es una herramienta poderosa en el ámbito político, ya que permite a los líderes y candidatos influir en la opinión pública, movilizar a sus seguidores y ganar apoyo para sus políticas y propuestas.

Arte y estrategia de la oratoria política involucran varios aspectos fundamentales, entre ellos: conexión emocional; claridad y simplicidad; aprender a contar historias; el uso de la ética y la autenticidad, apoyada en los valores del orador y los principios; la capacidad de adaptación a distintas audiencias y contextos; la escucha activa, que nos permitirá conocer lo que el público necesita, conocer sus preocupaciones, opiniones, deseos; la práctica y disciplina del orador para lograr dominar el arte de hablar en público; y, el establecimiento de la estrategia discursiva mediante el análisis profundo, del cual ya hablamos con anterioridad.

La Oratoria, la política, debe contar con un equilibrio entre el arte de comunicar de manera efectiva y la estrategia planificada para lograr objetivos políticos. Los líderes y candidatos exitosos son aquellos que pueden conectar con la audiencia a nivel emocional, transmitir mensajes claros y auténticos, y adaptarse a diferentes situaciones y audiencias. La oratoria política es una herramienta esencial en la política moderna y puede influir en la opinión pública y en el destino de naciones enteras.

Hemos de considerar al discurso político, como arte y estrategia, pues, ha desempeñado un papel fundamental en momentos históricos y políticos significativos. Por ejemplo, el famoso discurso de **Abraham Lincoln** en Gettysburg durante la Guerra Civil de Estados Unidos, ejemplo icónico de cómo un líder político puede utilizar la oratoria para unificar a un país dividido y transmitir un mensaje de unidad y propósito compartido. Del mismo modo, Winston Churchill, primer ministro del Reino Unido durante la Segunda Guerra Mundial, pronunció discursos conmovedores que inspiraron a su nación a resistir la amenaza nazi.

**MARTIN LUTHER KING**

Este tipo de oratoria, también ha sido fundamental en movimientos de cambio social. Martin Luther King Jr. y su discurso "I Have a Dream" se convirtieron en un símbolo de la lucha por los derechos civiles en Estados Unidos y un llamado a la igualdad y la justicia. Sus palabras resonaron en la conciencia colectiva y movilizaron a la gente a unirse en la lucha contra la discriminación racial.

La oratoria política desde la estrategia, debe considerar con seriedad que cada día se vuelve más visible en la era de los medios de comunicación modernos, en la era digital. Los debates presidenciales, los mítines políticos y las entrevistas en medios de comunicación son solo algunos ejemplos de cómo los líderes políticos pueden llegar a una audiencia masiva para comunicar sus mensajes. En estos contextos, la habilidad unida a una estrategia bien cimentada para comunicar de manera efectiva y persuasiva se vuelve aún más crucial.

Además, las redes sociales desempeñan, también, un papel importante en la política, la oratoria política se extiende más allá de los discursos formales. Los líderes políticos también deben ser hábiles en la comunicación en línea, utilizando las redes sociales y otros canales para llegar a su audiencia y transmitir sus mensajes de manera efectiva. Esto incluye la capacidad de responder a las críticas y gestionar crisis de comunicación de manera rápida y eficiente.

En la era digital, la oratoria política se ha ampliado a plataformas en línea como las redes sociales y los podcasts. Los líderes políticos, también, deben ser capaces de adaptarse a estos medios y utilizarlos para llegar a un público más amplio y diverso.

A manera de una breve síntesis hemos de recordar que, para ser un orador político efectivo, es esencial dominar ciertos aspectos fundamentales. Estos incluyen:

- Conocimiento del tema: Un líder político debe estar bien informado sobre los temas que aborda. Esto implica una comprensión profunda de los problemas y la capacidad de respaldar sus argumentos con datos y hechos verificables.
- Adaptación a la audiencia: Es crucial conocer a la audiencia a la que se dirige. Los discursos deben adaptarse al nivel de educación, valores y preocupaciones de la audiencia para que sean efectivos.
- Uso del lenguaje: La elección de palabras y el estilo de comunicación son fundamentales. Un lenguaje claro y accesible es esencial para que el mensaje llegue a la mayoría de las personas. Además, el uso de metáforas, ejemplos concretos y relatos personales puede hacer que el discurso sea más convincente y memorable.
- Emoción y empatía: La oratoria política efectiva a menudo implica apelar a las emociones de la audiencia. Los líderes políticos deben ser capaces de conectar emocionalmente con la gente y demostrar empatía hacia sus preocupaciones.
- Estructura del discurso: Un discurso político debe tener una estructura clara que incluya una introducción impactante, desarrollo de argumentos, ejemplos y evidencia, y una conclusión sólida que resuma los puntos clave y deje una impresión duradera.
- Carisma y presencia escénica: La forma en que el orador se presenta en el escenario también es importante. La confianza, la expresión facial, el contacto visual y el lenguaje corporal pueden influir en cómo se percibe el mensaje.

# TIPOS DE ORATORIA

Es así, que, la oratoria política es una habilidad esencial para cualquier líder político o candidato. A través de la comunicación efectiva, los líderes pueden movilizar a la opinión pública, influir en la toma de decisiones y lograr sus objetivos políticos. La historia nos ha demostrado que las palabras pueden tener un poderoso impacto en la política y la sociedad, y aquellos que dominan el arte de la oratoria política pueden lograr un cambio significativo.

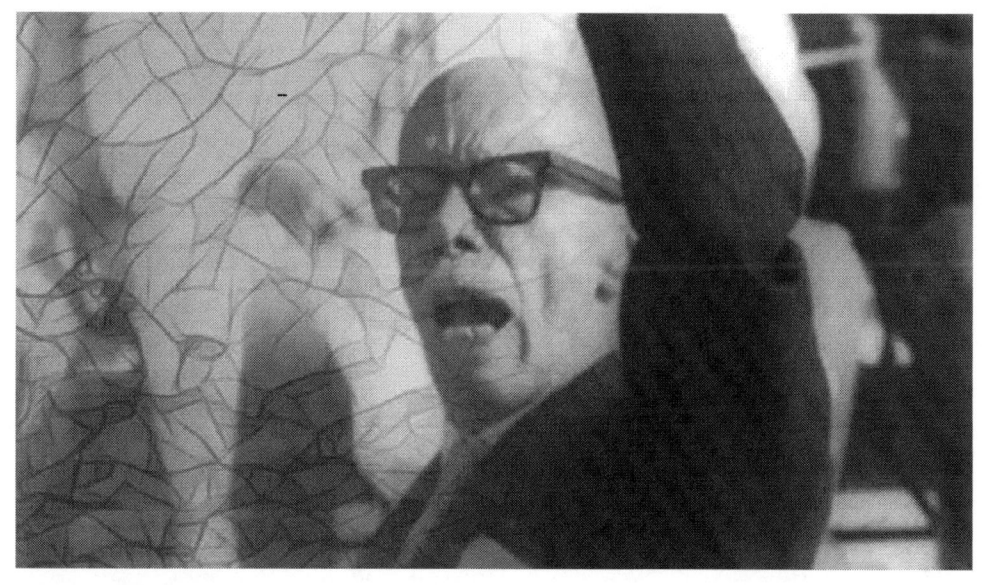

"Dadme un balcón y seré presidente"
**José María Velasco Ibarra**

# Discurso Persuasivo

> *"**La persuasión** es el intento deliberado de una persona por moldear, fortalecer o cambiar las actitudes, creencias, opiniones, percepciones o **comportamientos del otro o de los otros, llevándolos a actuar en consecuencia"**
>
> **(Definición del dominio público)**

La persuasión es el núcleo de la oratoria efectiva, y en esta sección, expondremos sus fundamentos y técnicas esenciales. Recordemos la teoría de la persuasión de Aristóteles, su enfoque en los tres modos de persuasión: ethos (credibilidad del orador), pathos (emoción) y logos (lógica). La combinación de estos tres modos de persuasión proporciona un marco sólido para la comunicación efectiva.

En la actualidad, los oradores y comunicadores continúan recurriendo a estos principios aristotélicos para influir en las audiencias. La teoría de Aristóteles sigue siendo relevante, recordándonos que la persuasión exitosa implica no solo argumentos lógicos, sino también la construcción de credibilidad y la conexión con las emociones de la audiencia.

Por otro lado, para que la persuasión se logre, es importante apoyarse en la credibilidad personal del orador, tocar las emociones del público y presentar argumentos lógicos se combinan para persuadir de manera efectiva.

La conexión emocional y lógica son dos pilares clave. La audiencia debe sentir que el orador comprende sus preocupaciones y deseos, lo que se logra mediante la empatía y la emoción. Sin embargo, la persuasión también depende de la lógica y la razón. Mostramos cómo equilibrar la apelación emocional con argumentos sólidos es esencial para convencer a una audiencia variada.

# TIPOS DE ORATORIA

La construcción de argumentos sólidos es una habilidad crítica en la persuasión. Aquí, desglosamos el proceso de identificar premisas y conclusiones, permitiendo a los oradores estructurar argumentos sólidos. Además, exploramos cómo utilizar evidencia y datos persuasivos para respaldar estas premisas, brindando credibilidad a los argumentos presentados. El respaldo sólido con pruebas concrtas es una base esencial para persuadir a los escépticos y ganarse la confianza del público.

**Iñigo Errejón**

*Los periodistas premian la retórica de la nueva política y eligen a Errejón en 2022 con el Premio "Emilio Castelar"

Por último, en las técnicas avanzadas de persuasión, profundizamos en el arte de la narrativa para convencer. Contar historias poderosas permite a los oradores transmitir ideas complejas de manera accesible y memorable. Además, examinamos el arte de la anticipación y la refutación, donde el orador prevé objeciones y las aborda antes de que la audiencia las plantee. Esta técnica muestra un alto grado de preparación y demuestra la solidez de los argumentos del orador.

Es por todo lo anterior, que, hemos de reflexionar sobre la importancia del discurso de persuasión como una herramienta crucial en diversos ámbitos de la oratoria, ya que se utiliza para influir en las actitudes, creencias y acciones de la audiencia. Su importancia radica en su capacidad para movilizar y convencer a las personas, y se aplica en una variedad de contextos, desde la política hasta la oratoria comercial, forense, sagrada y más.

En la oratoria política, el discurso de persuasión es esencial para los líderes y candidatos que buscan ganarse el apoyo del electorado. Los políticos utilizan este tipo de discurso para presentar sus propuestas, destacar sus logros y convencer a los votantes de que son la mejor opción. Además, es una herramienta poderosa para construir una conexión emocional con la audiencia y movilizarla para que participe en el proceso político.

En el ámbito comercial, el discurso persuasivo es una parte fundamental de la publicidad y el marketing. Las empresas utilizan estrategias persuasivas para convencer a los consumidores de que sus productos o servicios son los mejores. Esto implica apelar a las necesidades y deseos de los clientes, destacar los beneficios y ventajas de lo que ofrecen y crear un llamado a la acción que los motive a comprar.

En la oratoria forense, la persuasión desempeña un papel clave en los argumentos presentados en un tribunal. Los abogados utilizan discursos persuasivos para convencer al jurado o al juez de la inocencia o culpabilidad de un acusado, así como para respaldar sus argumentos legales. La persuasión se basa en presentar evidencia de manera convincente y refutar los argumentos de la parte contraria.

En la oratoria sagrada, como la que se encuentra en los sermones religiosos, el discurso persuasivo se emplea para motivar a la congregación a vivir de acuerdo con los principios religiosos y morales. Los líderes religiosos utilizan historias, ejemplos y argumentos emocionales para inspirar la fe y la devoción en sus seguidores.

Es así, que, el discurso de persuasión desempeña un papel esencial en la oratoria en una variedad de campos. Su importancia radica en su capacidad para influir en las creencias y acciones de la audiencia, ya sea en el ámbito político, comercial, forense, religioso o cualquier otro. La habilidad para persuadir de manera efectiva es una cualidad valiosa en la comunicación y la toma de decisiones en todos estos contextos.

La persuasión es un proceso complejo que involucra varios elementos interconectados para lograr su objetivo. En primer lugar, la persuasión se basa en la comunicación efectiva, lo que significa que el mensaje debe ser claro, coherente y relevante para la audiencia. Además, la credibilidad del orador desempeña un papel fundamental, ya que la audiencia debe confiar en la fuente del mensaje para ser persuadida. La empatía es otro componente esencial, ya que el orador debe comprender y conectar emocionalmente con la audiencia para influir en sus actitudes y comportamientos.

La evidencia y los argumentos sólidos son elementos clave en la persuasión. El orador debe respaldar su mensaje con pruebas, datos y argumentos convincentes que respalden su posición. También es importante tener en cuenta las necesidades y deseos de la audiencia, ya que la persuasión implica ofrecer beneficios o soluciones que sean relevantes y atractivos para ellos. Además, el uso de técnicas retóricas, como la metáfora o la narrativa, puede aumentar la efectividad de la persuasión al conectar con las emociones, creencias y valores de la audiencia.

En última instancia, la persuasión busca cambiar, como ya lo habíamos comentado, actitudes, creencias, opiniones o comportamientos de la audiencia. Esto implica un proceso de influencia que puede variar en su éxito, dependiendo de la combinación de estos elementos y la receptividad de la audiencia.

En la Programación Neurolingüística (PNL), los niveles neurológicos de Robert Dilts (1996), proporcionan un marco valioso para comprender cómo diferentes aspectos de la experiencia humana interactúan e influyen en el comportamiento.

Los niveles incluyen entorno, comportamiento, capacidad, creencias y valores, identidad y espiritualidad. En el contexto del discurso persuasivo, nos centramos especialmente en los niveles de creencias y valores.

## NIVELES NEUROLÓGICOS

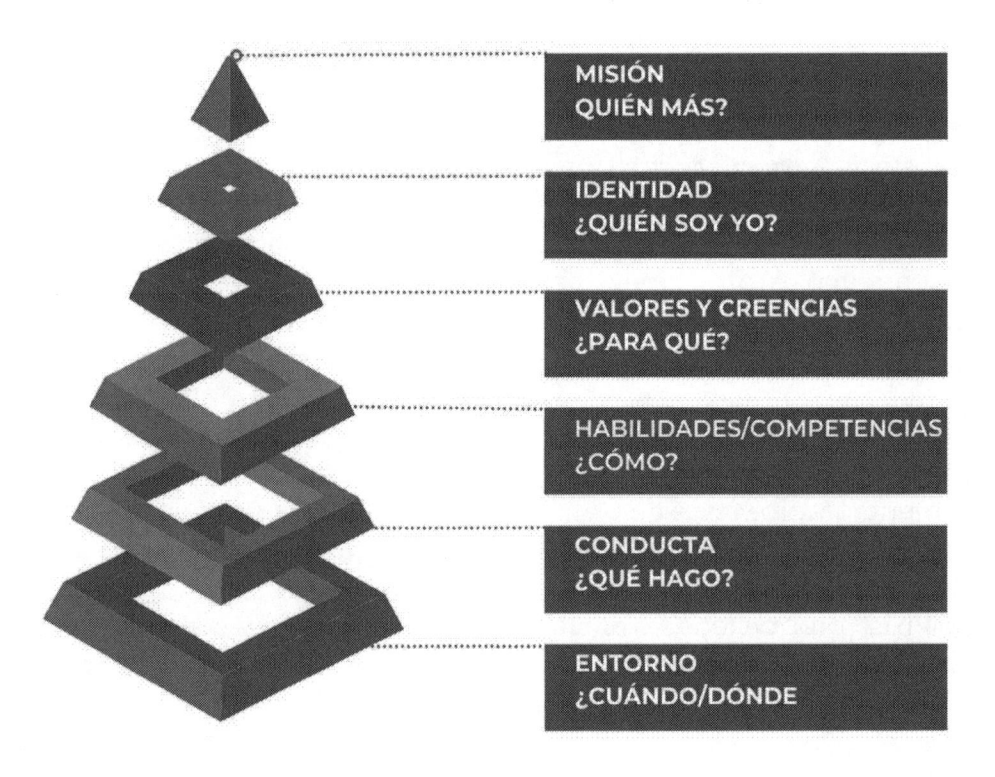

- MISIÓN — ¿QUIÉN MÁS?
- IDENTIDAD — ¿QUIÉN SOY YO?
- VALORES Y CREENCIAS — ¿PARA QUÉ?
- HABILIDADES/COMPETENCIAS — ¿CÓMO?
- CONDUCTA — ¿QUÉ HAGO?
- ENTORNO — ¿CUÁNDO/DÓNDE

Los valores y creencias son fundamentales en la PNL, porque actúan como filtros a través de los cuales interpretamos el mundo y tomamos decisiones. En el proceso de persuasión, un orador habilidoso puede influir en estos niveles para dirigir el pensamiento y la acción de la audiencia de manera estratégica.

En primer lugar, los valores representan nuestras preferencias fundamentales en la vida. Al entender los valores de la audiencia, el orador puede adaptar su discurso para alinear sus propuestas con estas preferencias, haciendo que la propuesta sea más atractiva y relevante para la audiencia.

Las creencias, por otro lado, son las convicciones que tenemos sobre nosotros mismos, los demás y el mundo en general. Modificar las creencias es crucial en el proceso persuasivo, ya que las creencias limitantes pueden obstaculizar la aceptación de nuevos conceptos o ideas. Un orador efectivo puede identificar creencias limitantes, desafiarlas sutilmente y reforzar creencias positivas que respalden la acción deseada.

En el discurso persuasivo, es esencial abordar estos niveles neurológicos de manera coherente. Por ejemplo, al presentar un argumento, el orador puede comenzar reconociendo y validando los valores actuales de la audiencia. Luego, puede introducir información o narrativas que conecten con esos valores, estableciendo una base emocional sólida para la persuasión.

Respecto al trabajo con el nivel de creencia, el orador puede emplear estrategias de cambio de creencias, como presentar evidencia contradictoria o contar historias que desafíen las creencias limitantes existentes. La coherencia en el mensaje, respaldada por una comprensión profunda de los valores y creencias del público, aumenta la probabilidad de que la audiencia acepte la perspectiva presentada y tome la acción deseada.

La PNL, proporciona un marco poderoso para entender y aplicar la influencia persuasiva, permitiendo que el orador ajuste su discurso a los niveles de valores y creencias de la audiencia. Al hacerlo, se crea una conexión más profunda y auténtica, lo que aumenta significativamente la efectividad del mensaje persuasivo.

También hemos de considerar, que, en cuanto al proceso de influencia en la persuasión, debemos comprender, que este es una dinámica compleja que comienza con la presentación de un mensaje persuasivo por parte del orador. En este mensaje, el orador utiliza una variedad de técnicas retóricas, argumentos sólidos y evidencia relevante para respaldar su posición.

A medida que el mensaje se presenta, el receptor, es decir, la audiencia, procesa la información y evalúa su contenido. Durante este proceso, el público considera la credibilidad del orador, la relevancia del mensaje y su propia disposición hacia el tema en cuestión. La persuasión efectiva implica captar la atención de la audiencia y mantener su interés a lo largo del mensaje.

El componente emocional también desempeña un papel importante en el proceso de influencia. La audiencia debe conectarse emocionalmente con el mensaje para que este tenga un impacto duradero. Esto implica apelar a las emociones, valores y necesidades de la audiencia de manera que se sientan identificados y motivados a actuar de acuerdo con el mensaje persuasivo.

Conectar emocionalmente con la audiencia en un discurso persuasivo es esencial para involucrar a los oyentes a un nivel personal y lograr que adopten el punto de vista de quien habla.

La influencia de las emociones en el discurso es esencial para forjar conexiones persuasivas y significativas, por ello, es fundamental explorar la diversidad y la intensidad de las emociones básicas, las cuales son alegría, tristeza, miedo, disgusto, sorpresa y enojo Según la teoría de Paul Ekman.

A manera ilustrativa, hemos de mencionar, que en un contexto de discurso motivacional, por ejemplo, la alegría puede manifestarse a través de historias positivas de superación, generando una conexión emocional a través del entusiasmo del orador. En el caso de la tristeza, puede emplearse al abordar problemas humanitarios, provocando empatía y movilizando a la audiencia hacia acciones altruistas.

En el caso del miedo, hemos de comentar, que, estratégicamente aplicado en discursos de seguridad o concienciación, el resaltar las consecuencias potenciales describiendo situaciones, puede motivar a la audiencia a tomar precauciones. En el caso del disgusto, útil en discursos éticos, se puede señalar, por ejemplo, comportamientos inadecuados, fomentando una reflexión sobre la responsabilidad social.

Introducir elementos inesperados, capta y mantiene el interés de la audiencia, es el elemento sorpresa. Respecto al enojo, su uso en discursos de activismo o protesta despierta indignación ante injusticias, movilizando a la audiencia hacia el cambio social.

Además, una forma efectiva de lograr una buena conexión emocional, es compartir historias personales o anécdotas impactantes que ilustren el tema del discurso. Estas historias hacen que el mensaje sea más accesible y humano, permitiendo a la audiencia relacionarse directamente con el orador y su mensaje.

El lenguaje que se utiliza juega un papel crucial en evocar emociones. Se pueden emplear palabras y expresiones que transmitan los sentimientos que el orador desea despertar en su audiencia. Asimismo, proporcionar ejemplos y situaciones con las que la audiencia pueda identificarse demuestra que se comprenden sus preocupaciones y desafíos, generando una conexión más profunda.

El uso de elementos visuales y auditivos, como imágenes, videos o música, puede complementar el discurso y desencadenar respuestas emocionales. Estos elementos deben ser utilizados de manera relevante para fortalecer la conexión. Además, crear un ambiente de confianza es esencial. La audiencia debe percibir autenticidad y sinceridad en las palabras de quien habla, lo que contribuye a que se sientan conectados emocionalmente.

El uso de preguntas retóricas para involucrar a la audiencia y hacer que reflexionen sobre el tema, junto con llamados a la acción que inspiren a tomar medidas basadas en la emoción que se han despertado, pueden consolidar aún más la conexión emocional.

La credibilidad integrada por el conocimiento, el dinamismo y la honestidad del orador desempeñan un papel crucial en la persuasión, ya que una audiencia tiende a ser más receptiva a las ideas presentadas por alguien que consideran confiable y experto en el tema. La apelación a las emociones también es una estrategia poderosa. Los discursos persuasivos a menudo buscan conectar emocionalmente con la audiencia, despertando empatía, simpatía o compasión. Las historias personales, ejemplos conmovedores y el uso de metáforas pueden ayudar a involucrar a la audiencia a nivel emocional.

La estructura del discurso también es fundamental en las estrategias de persuasión. Organizar el mensaje de manera coherente y clara, utilizando una introducción efectiva, desarrollo lógico de argumentos y una conclusión impactante, puede aumentar la persuasión. Además, el uso de ejemplos y pruebas concretas puede fortalecer la argumentación y convencer a la audiencia de la validez de un punto de vista.

No podemos dejar de lado, la importancia de la adaptación del mensaje dirigido al tipo de audiencia que nos escuchará, es por ello que realizar el análisis del público es una necesidad para el orador experimentado, sabe que no podrá influir en la audiencia a menos que identifique sus intereses y necesidades ajustando las estrategias de persuasión de manera que sean más efectivas y relevantes.

Es importante apelar a los valores compartidos entre el orador y la audiencia, ya que esto establece una base sólida para la conexión emocional. Al identificar y resaltar estos valores, se logra que el mensaje resuene en un nivel más profundo. También, muestra empatía hacia las preocupaciones y necesidades de la audiencia, lo que construye una conexión emocional sólida y duradera.

Las estrategias de persuasión son una combinación de argumentación sólida, credibilidad del orador, apelación emocional y estructura efectiva del discurso, adaptadas a la audiencia específica. Estas técnicas son fundamentales en contextos diversos, desde la oratoria política y comercial hasta la persuasión en la vida cotidiana.

Es así, que comprendemos que los discursos persuasivos buscan convencer a la audiencia de adoptar un punto de vista específico. Este tipo de discurso respalda su opinión con hechos e investigaciones respaldadas por referencias. El orador en un discurso persuasivo debe seleccionar una estrategia adecuada para abordar el tema, conociendo claramente cual es su objetivo final, es decir que hará la audiencia una vez que termine de escuchar el discurso, **esa acción** es la que determina la eficiencia del orador y la eficacia del discurso.

## Secuencia Motivadora de Monroe

La secuencia persuasiva más efectiva, conocida como la "Secuencia Motivadora", fue propuesta por Alan Monroe y Douglas Ehninger (1986:244) y consta de cinco etapas que, según estos autores, guían al público hacia la aceptación de una recomendación. Es un enfoque efectivo para la estructuración de discursos persuasivos. Las cinco etapas establecen claramente la guía para que el orador persuada a su audiencia.

Las cinco etapas de la secuencia motivadora de Monroe son las siguientes:

**Atención:** En esta primera etapa, el orador busca captar la atención de la audiencia de manera impactante. Esto puede lograrse mediante una historia intrigante, una estadística sorprendente, una pregunta provocativa o cualquier otra técnica que despierte el interés del público desde el principio.

**Necesidad**: Una vez que se ha captado la atención, el orador presenta un problema o una necesidad que la audiencia pueda relacionar con el tema del discurso. Es esencial que esta necesidad sea clara y relevante para el público, ya que servirá como base para la persuasión.

**Satisfacción:** En esta etapa, el orador presenta su solución o recomendación para abordar la necesidad o el problema previamente establecido. Se debe destacar cómo esta solución es efectiva y beneficiosa para la audiencia.

**Visualización:** Aquí, el orador pinta un cuadro vívido y atractivo de cómo sería el mundo si la audiencia adoptara la recomendación o solución propuesta. Se utilizan ejemplos, historias o imágenes para ayudar a la audiencia a imaginar los beneficios concretos que obtendrían al seguir la recomendación.

**Acción:** La etapa final es donde el orador llama a la acción. Esto implica solicitar a la audiencia que tome medidas específicas de acuerdo con la recomendación presentada. Puede ser algo tan simple como pedirles que compren un producto, que voten por una causa o que cambien su comportamiento de alguna manera.

La secuencia motivadora de Monroe se basa en la idea de que las personas son más propensas a actuar cuando comprenden la necesidad de hacerlo y pueden visualizar los beneficios que obtendrán. Al seguir esta estructura, los oradores persuasivos pueden organizar sus discursos de manera lógica y efectiva, aumentando las posibilidades de que su audiencia acepte su recomendación o argumento.

Esta técnica es ampliamente utilizada en discursos políticos, comerciales, de ventas y en muchas otras situaciones en las que se busca influir en las acciones o creencias de las personas.

Ejemplo de Discurso utilizando la Secuencia Motivadora de Monroe:

**"Inversiones en Energía Renovable para un Futuro Sostenible"**

**Quiero comenzar hoy hablando de un tema que no solo afecta nuestro presente, sino que también define nuestro futuro: la energía renovable. La atención a esta cuestión es crucial para asegurar un planeta sostenible para las generaciones venideras.**

**Comencemos con el primer paso: la atención. Todos somos conscientes de los desafíos que enfrentamos en cuanto al cambio climático y la contaminación. La degradación del medio ambiente nos afecta a todos, independientemente de nuestra ubicación o estatus social. Es una preocupación global que no podemos ignorar.**

**El segundo paso es la necesidad. La necesidad de cambiar nuestra dependencia de los combustibles fósiles es innegable. Nuestra salud y el bienestar de nuestro planeta dependen de ello. Las cifras de emisiones de carbono y los eventos climáticos extremos nos recuerdan constantemente que debemos actuar.**

**Ahora, hablemos de la satisfacción, el tercer paso. La solución a estos problemas está en la energía renovable. La energía solar, eólica y otras fuentes limpias son la clave para reducir nuestra huella de carbono y proteger nuestro entorno. Además, las tecnologías relacionadas están mejorando constantemente y son cada vez más accesibles.**

*El cuarto paso es la visualización. Imaginemos un mundo donde la mayoría de nuestra energía proviene del sol, el viento y otras fuentes renovables. Un mundo donde la contaminación del aire y el cambio climático son cosas del pasado. Imaginemos un futuro donde nuestras acciones hoy tienen un impacto duradero en un planeta saludable para las generaciones futuras.*

*Finalmente, el quinto paso es la acción. Debemos actuar ahora para hacer realidad esa visión. Cada uno de nosotros puede contribuir al cambio. Puede ser a través de la adopción de energía solar en nuestros hogares, la promoción de políticas de energía limpia o la inversión en empresas sostenibles. Juntos, podemos marcar la diferencia.*

*En resumen, la atención a la crisis ambiental es crucial, la necesidad de actuar es innegable, la solución está en la energía renovable, la visión es un mundo sostenible y la acción es el camino hacia ese futuro. Sigamos adelante con determinación y hagamos nuestra parte para un planeta más limpio y saludable.*

Este discurso sigue la secuencia motivadora de Monroe. Cada paso se enfoca en captar la atención, establecer la necesidad, ofrecer una solución satisfactoria, visualizar un futuro deseado y, finalmente, instar a la acción.

# Fórmula de Marshall Ganz

La fórmula de Marshall Ganz para el discurso persuasivo se basa en la estructuración de un relato o narrativa efectiva que puede ser utilizada para movilizar a la audiencia y lograr que tome medidas o cambie sus creencias. Marshall Ganz, un reconocido organizador comunitario y estratega político, desarrolló esta fórmula como una manera poderosa de comunicar un mensaje persuasivo.

La fórmula se compone de tres partes clave:

**Un relato actual**: Marshall Ganz nos plantea una serie de preguntas para esta parte del desarrollo, entre ellas: ¿Cuál es el desafío apremiante que aspiras a motivar a otros a abordar? Define tu visión de una acción triunfante. ¿Qué decisión les solicitarás a los miembros de tu comunidad, como tus compañeros de clase, para afrontar este reto con éxito? ¿De qué manera pueden colaborar para alcanzar este resultado? ¿Y cómo pueden comenzar en este mismo instante? Describe este «ahora» en dos o tres oraciones.

Esta es la historia personal del orador, con la cual se comienza, suele ser una experiencia vivida que se relaciona con el tema o la causa que se está promoviendo. Esta historia personal establece una conexión emocional con la audiencia, humaniza al orador y genera empatía. Es importante que esta historia sea auténtica y genuina, ya que su propósito es establecer credibilidad y confianza.

**Pensemos en una historia que represente a todos nosotros**: En este apartado nos vuelve a cuestionar Ganz, pide que respondamos lo siguiente: ¿A qué valores, experiencias o aspiraciones de nuestra comunidad, en este caso, nuestros compañeros de clase, podemos apelar al convocarlos a unirse a nosotros en esta acción? ¿Qué anécdotas compartidas reflejan estos valores? Defina este "nosotros" en dos o tres oraciones.

Esta etapa se desarrolla después de compartir la historia personal, el orador pasa a contar una historia más amplia sobre la comunidad o la causa que está representando. Esta historia debe contextualizar el problema o la necesidad que se aborda y mostrar cómo afecta a la comunidad en su conjunto. También puede incluir ejemplos de otras personas que han enfrentado desafíos similares.

**Historia de Ahora:** Respondamos a las siguientes preguntas que Ganz considera necesarias para lograr el llamado a la acción: ¿Por qué te sientes llamado a inspirar a otros para unirse a ti en esta iniciativa? ¿Qué relatos personales puedes compartir para permitir que otros se identifiquen contigo? ¿Cómo puedes permitir que otros sientan la fuente de los valores que te impulsan no solo a actuar, sino también a liderar? Dedica tu atención a esta sección, destacando los momentos clave en tu camino que te llevaron hasta aquí.

La última parte de la fórmula es el llamado a la acción. Aquí, el orador motiva a la audiencia a tomar medidas específicas. Puede ser la donación de tiempo, dinero, apoyo político o cualquier acción que sea relevante para la causa. Es crucial que el llamado a la acción sea claro y concreto, y que ofrezca a la audiencia una forma de contribuir al cambio.

La fórmula de Marshall Ganz es efectiva porque aprovecha el poder de las narrativas personales para conectar emocionalmente con la audiencia. Al combinar una historia personal auténtica con una historia más amplia y un llamado a la acción claro, los oradores persuasivos pueden movilizar a las personas de una manera significativa. Esta fórmula se ha utilizado con éxito en campañas políticas, movimientos sociales y esfuerzos de recaudación de fondos, entre otros contextos persuasivos.

[Diagrama: Triángulo con tres círculos conectados por flechas]

- Historia Personal (Llamado al liderazgo)
- Historia de Ahora Llamado a la Acción
- Historia de Nosotros Valores y experiencia compartidas

Flechas: Propósito, Comunidad, Urgencia

**Imagen: Modelo Marshall Ganz**

Ejemplo de discurso apoyado en la fórmula de Marshall Ganz:

*"Construyendo un Futuro Juntos: La Lucha por la Equidad Educativa"*

*Hoy quiero compartir con ustedes una historia que es también la historia de muchos de ustedes aquí presentes. Es una historia que habla de desafíos, pero también de deseo, esperanza y cambio.*

*Hace algunos años, yo también estaba en las mismas aulas donde están sentados hoy nuestros hijos. En ese entonces, como muchos de ustedes, enfrenté dificultades en mi camino hacia una educación de calidad. Recuerdo los libros viejos y las aulas llenas, y me di cuenta de que algo tenía que ser diferente, tenía que cambiar.*

*Pero no vine aquí solo para hablar de los problemas; vine para hablar de lo que podemos hacer juntos. Cuando me uní a esta comunidad, me di cuenta de que no estaba solo en mi lucha. Conocí a padres, maestros y estudiantes comprometidos, personas que creían en el poder de la educación para transformar vidas.*

*Hoy, estamos aquí para recordar que la educación es un derecho que todos merecen. No importa de dónde vengamos ni cuánto tengamos en nuestros bolsillos. Lo que importa es nuestra determinación de cambiar las cosas. Y eso es lo que estamos haciendo juntos.*

*Hemos trabajado incansablemente para mejorar nuestras escuelas. Hemos luchado por aulas más pequeñas, maestros mejor capacitados y recursos adecuados para nuestros hijos. Y aunque hemos enfrentado obstáculos, hemos logrado avances significativos.*

*Pero la lucha no ha terminado. Aún hay desigualdades que debemos superar. Pero sé que, si continuamos trabajando juntos, podemos lograr un cambio real. No se trata solo de mi historia o la tuya; se trata de nuestra historia. Es la historia de una comunidad unida por un objetivo común: brindar una educación de calidad a nuestros hijos.*

*Así que los invito a unirse a nosotros en esta lucha. Juntos, podemos superar cualquier obstáculo. Juntos, podemos construir un futuro donde cada niño tenga acceso a una educación que les permita alcanzar sus sueños. Porque, al final del día, la verdadera fuerza de nuestra comunidad radica en nuestra unidad y determinación.*

*Gracias por escucharme y por ser parte de esta historia de esperanza y cambio. Sigamos adelante juntos, construyendo un futuro brillante para nuestros hijos y las generaciones venideras.*

En este discurso iniciamos con una historia personal que conecta con la audiencia y resalta los desafíos y la esperanza compartida. Además, enfatiza la importancia de la comunidad y la acción colectiva para lograr un cambio significativo en la equidad educativa.

Barack Obama, ex presidente de los Estados Unidos de Norteamérica, es conocido por su habilidad para utilizar elementos de la narración personal y la conexión emocional en muchos de sus discursos. Estos elementos son consistentes con la fórmula de Marshall Ganz, que se centra en la narración de historias personales y la construcción de relaciones para movilizar a la audiencia. Obama a menudo utilizó anécdotas de su vida y experiencias personales para conectar con la audiencia y transmitir mensajes persuasivos.

Algunos discursos emblemáticos de Barack Obama, son, por ejemplo, su discurso de aceptación del Premio Nobel de la Paz en 2009 o su discurso en la Convención Nacional Demócrata en 2004, en los que utilizó la narración de historias y la conexión emocional en su retórica persuasiva, discursos que contienen elementos que se alinean con la fórmula de Marshall Ganz

Artículo de Business Insider sobre Marshall Ganz, escanea código QR

# El Debate Político

El debate político es un componente esencial de la vida democrática en sociedades de todo el mundo. Representa el ejercicio del discurso público, donde los actores políticos y los ciudadanos pueden expresar sus puntos de vista, discutir temas cruciales y tomar decisiones fundamentales para el bienestar de la sociedad.

El debate político es un proceso fundamental en cualquier sistema democrático, ya que proporciona una plataforma para la expresión de opiniones y la discusión de asuntos públicos. A través de debates políticos, los candidatos pueden presentar sus visiones y propuestas a la audiencia, permitiendo a los votantes tomar decisiones informadas en las elecciones. Además, los debates ofrecen la oportunidad de cuestionar y examinar las políticas actuales, lo que puede llevar a una mayor transparencia y rendición de cuentas por parte de los líderes electos.

A lo largo de la historia, el debate político ha evolucionado, adaptándose a los cambios tecnológicos, sociales y culturales, y ha desempeñado un papel crucial en la formación de políticas públicas, la elección de líderes y la definición de la dirección de una nación, dicha evolución, refleja el cambio en la forma en que las sociedades se comunican y participan en la política. En épocas antiguas, se llevaba a cabo principalmente en foros públicos, donde los ciudadanos se reunían para discutir asuntos de interés común. La antigua Grecia, cuna de la democracia, es conocida por sus asambleas y discursos públicos en los que los ciudadanos expresaban sus opiniones y votaban sobre cuestiones cruciales.

Con el tiempo, el desarrollo de la imprenta y la prensa escrita permitió una difusión más amplia de las ideas políticas. Los panfletos y periódicos se convirtieron en vehículos importantes para el debate político y la crítica de las autoridades. La Ilustración, un movimiento intelectual del siglo XVIII, promovió la libertad de expresión y el intercambio de ideas como valores fundamentales, donde, filósofos como John Locke y Voltaire abogaron por el derecho a la crítica y la discusión pública como motores del cambio social y político.

El siglo XX vio la llegada de los medios de comunicación de masas, como la radio y la televisión, que transformaron por completo la naturaleza del debate político. Los debates presidenciales televisados, por ejemplo, se convirtieron en eventos cruciales en las campañas electorales de Estados Unidos. Los candidatos tuvieron que adaptarse a la nueva dinámica mediática, prestando atención a su apariencia, lenguaje corporal y habilidades de comunicación verbal.

En la era moderna, la tecnología digital ha llevado el debate político a una audiencia global a través de las redes sociales y plataformas en línea. Los políticos y los ciudadanos ahora pueden compartir sus opiniones y discutir temas en tiempo real, lo que ha ampliado enormemente el alcance y la velocidad del debate político. Sin embargo, esto también ha planteado desafíos, como la propagación de información errónea y la polarización política en línea.

La influencia del debate político en la toma de decisiones políticas es innegable. Los debates pueden cambiar la opinión pública y tener un impacto significativo en los resultados electorales. Los candidatos que pueden comunicar sus ideas de manera efectiva y persuasiva a menudo tienen más posibilidades de ganar el apoyo de los votantes. Además, los debates públicos sobre políticas públicas, como la atención médica, la educación y el medio ambiente, pueden dar lugar a cambios legislativos significativos.

Además de su impacto en las elecciones y las políticas públicas, el debate político desempeña un papel crucial en la construcción de una sociedad democrática saludable. Fomenta la participación ciudadana, el escrutinio público y la rendición de cuentas. También promueve la diversidad de opiniones y la tolerancia hacia puntos de vista diferentes. Cuando se lleva a cabo de manera respetuosa y basada en argumentos sólidos, el debate político puede enriquecer el diálogo democrático y contribuir a la toma de decisiones informadas.

Sin embargo, el debate político no está exento de desafíos y críticas. En ocasiones, puede degenerar en discusiones polarizadas y divisivas que obstaculizan la cooperación y el compromiso político. La retórica inflamatoria y la desinformación pueden socavar la calidad del debate público y debilitar la confianza en las instituciones democráticas.

Es un proceso complejo que involucra una serie de características y elementos esenciales que influyen en su dinámica y efectividad. Estos componentes son fundamentales para comprender cómo se desarrolla el debate político y su importancia en el contexto de la vida democrática.

En primer lugar, la diversidad de opiniones y perspectivas es una característica central del debate político. En una sociedad democrática, es natural que existan puntos de vista divergentes sobre cuestiones políticas y sociales. El debate político brinda un espacio para que estas opiniones se expresen y se confronten de manera constructiva. La presencia de diversas voces en el debate enriquece la discusión y contribuye a la formación de políticas más equitativas y sólidas.

De la misma forma, la libertad de expresión desempeña un papel crucial en el debate político. Los individuos y grupos tienen el derecho fundamental de expresar sus opiniones, críticas y propuestas sin temor a la represión o la censura. Esta libertad permite que el debate político sea abierto y accesible para todos los ciudadanos, lo que fortalece la democracia al garantizar que las voces de la sociedad civil sean escuchadas.

También está marcado por la confrontación de ideas y argumentos. Los participantes en el debate presentan sus puntos de vista y defienden sus posiciones a través de la argumentación lógica y persuasiva. El intercambio de argumentos es esencial para que el público pueda evaluar críticamente las propuestas políticas y tomar decisiones informadas. Sin un debate robusto y bien fundamentado, la toma de decisiones políticas podría carecer de legitimidad y sustento.

En este contexto, la retórica juega un papel importante en el debate político. La retórica se refiere al arte de persuadir a través del uso efectivo del lenguaje y la comunicación. Los oradores políticos utilizan estrategias retóricas para influir en la opinión pública y ganar el apoyo de los ciudadanos. Estas estrategias incluyen el uso de ejemplos persuasivos, la creación de narrativas convincentes y la aplicación de técnicas de persuasión emocional.

En cuanto a los aspectos argumentativos, es crucial que los participantes en un debate político desarrollen argumentos sólidos y bien fundamentados. Esto implica la presentación de evidencia, datos y estadísticas que respalden sus puntos de vista. Los argumentos deben ser lógicos y coherentes, evitando falacias lógicas o argumentos débiles. Además, es importante anticipar y refutar posibles objeciones o contraargumentos que puedan surgir durante el debate. Un enfoque basado en la evidencia y la lógica aumenta la credibilidad del orador y la persuasión de su mensaje.

El debate también implica una audiencia activa y comprometida. Los ciudadanos desempeñan un papel crucial al evaluar las propuestas y argumentos presentados por los políticos y líderes. La capacidad de la audiencia para discernir entre argumentos sólidos y retórica vacía es esencial para la salud de la democracia. Además, los debates políticos públicos, como los debates presidenciales, a menudo tienen un formato en el que los candidatos se enfrentan ante una audiencia en vivo y televisada, lo que agrega una dimensión adicional de interacción y escrutinio.

La mediación de los medios de comunicación es un elemento fundamental en el debate político contemporáneo. Los medios desempeñan un papel importante al informar sobre los eventos políticos, transmitir debates y proporcionar un espacio para la discusión pública. Sin embargo, la influencia de los medios también puede ser objeto de debate, ya que pueden dar forma a la agenda política y presentar información de manera selectiva.

La transparencia y la rendición de cuentas son elementos que deben estar presentes en un debate político saludable. Los ciudadanos tienen derecho a acceder a información sobre las acciones y decisiones de los líderes políticos. La rendición de cuentas implica que los líderes deben ser responsables de sus acciones y estar dispuestos a explicar y justificar sus políticas ante el público.

Finalmente, la ética desempeña un papel crucial en el debate político. Los participantes deben comprometerse a seguir principios éticos, como la honestidad, la integridad y el respeto mutuo. El uso de la difamación, la desinformación o la retórica divisiva puede socavar la calidad del debate político y debilitar la confianza en el sistema democrático.

Pero además de lo ya señalado, en un debate político, los aspectos no solo los argumentos deben ser tomados en cuenta, también los aspectos físicos y emocionales desempeñan un papel fundamental en la estrategia y la efectividad de los participantes. Estos aspectos son esenciales para construir una presentación persuasiva y cautivar a la audiencia.

En el ámbito físico, la comunicación no verbal desempeña un papel crucial en el impacto de un discurso político. Los gestos, la postura, el contacto visual y la expresión facial son elementos que pueden influir en la percepción del orador y en la reacción de la audiencia. Mantener una postura segura y abierta, establecer contacto visual con la audiencia y utilizar gestos apropiados pueden ayudar a transmitir confianza y empatía. Además, el lenguaje corporal coherente con el discurso refuerza la credibilidad del orador y su capacidad para conectar con el público.

En el aspecto emocional, los discursos políticos a menudo apelan a las emociones de la audiencia. La conexión emocional puede ser poderosa para persuadir y movilizar a la gente. Los oradores políticos pueden utilizar historias personales, ejemplos conmovedores o metáforas emotivas para conectar con las preocupaciones y valores de la audiencia. Sin embargo, es importante utilizar las emociones de manera ética y evitar manipulaciones o demagogia. La autenticidad y la sinceridad son clave para establecer una conexión emocional genuina con el público.

Además de estos aspectos, el uso efectivo del tiempo es esencial en un debate político. Los participantes deben ser conscientes del tiempo asignado para sus intervenciones y planificar su discurso de manera eficiente. Esto implica seleccionar cuidadosamente los puntos clave que se abordarán y asegurarse de que el mensaje principal se transmita de manera efectiva dentro del tiempo asignado. La gestión del tiempo también incluye la capacidad de responder a las preguntas y objeciones de la audiencia de manera concisa y directa.

En un debate debe existir un buen equilibrio en todos los aspectos: argumentativos, físicos y emocionales, ya que son componentes interconectados que influyen en la efectividad del discurso. Desarrollar argumentos sólidos, utilizar el lenguaje corporal de manera efectiva y apelar a las emociones de la audiencia son estrategias clave. Además, la gestión del tiempo es esencial para garantizar que el mensaje se transmita de manera eficiente. Un equilibrio hábil entre estos aspectos puede marcar la diferencia en el impacto de un discurso político.

Es importante comprender que la dinámica del debate, también involucra la diversidad de opiniones, la libertad de expresión, la confrontación de ideas, la retórica persuasiva, una audiencia activa, la mediación de los medios, la transparencia, la rendición de cuentas y la ética.

Estos elementos interactúan para dar forma a un proceso dinámico que desempeña un papel crucial en la toma de decisiones políticas y en la formación de políticas públicas. Un debate político saludable y ético es esencial para el funcionamiento efectivo de la democracia y la participación ciudadana informada.

Un ejemplo emblemático de la influencia del debate político en la historia moderna es el movimiento de derechos civiles en Estados Unidos. Durante la década de 1960, los líderes y activistas de los derechos civiles utilizaron discursos y debates públicos para exponer la discriminación racial y promover la igualdad. Los discursos de figuras como Martin Luther King Jr. y Malcolm X resonaron en todo el país y llevaron a cambios legislativos importantes, como la Ley de Derechos Civiles de 1964 y la Ley de Derecho al Voto de 1965.

También, entre los más destacados en la historia fue el encuentro entre Abraham Lincoln y Stephen A. Douglas durante las elecciones senatoriales de Illinois en 1858. Este famoso debate se centró en cuestiones cruciales de la época, como la esclavitud. La estructura clara, los argumentos fundamentados y la habilidad retórica de ambos oradores contribuyeron a la profundidad y relevancia del debate. La serie de debates Lincoln-Douglas es citada a menudo como un ejemplo de cómo la oratoria puede dar forma a la opinión pública y tener un impacto duradero en la historia política.

Aspectos fundamentales que se deben tener en cuenta respecto a la estructura de un debate:

**Introducción clara y persuasiva**: El orador buscará iniciar con una apertura impactante que capte la atención de la audiencia. Presentar de manera clara y concisa el tema a debatir, estableciendo la relevancia y el propósito del debate.

**Definición clara de posturas:** Cada parte debe delinear su posición de manera definida y específica. Las posturas deben ser claramente comprensibles para la audiencia, evitando ambigüedades y garantizando un entendimiento claro de los argumentos.

**Desarrollo lógico de argumentos**: Se deben structurar los argumentos de manera lógica y coherente. Cada punto debe respaldarse con evidencia sólida y razonamiento lógico. La calidad de los argumentos es esencial para persuadir a la audiencia y ganar la validez de las posturas presentadas.

**Refutación efectiva:** Cada parte debe abordar y refutar los argumentos de la otra de manera respetuosa y fundamentada. La capacidad de anticipar y contrarrestar los puntos de la oposición es crucial para fortalecer la propia posición y demostrar un entendimiento profundo del tema.

**Conclusión contundente:** Cerrar el debate con una conclusión poderosa que refuerce los puntos clave de la posición presentada. Resumir los argumentos de manera convincente y ofrecer una última impresión impactante para dejar una marca duradera en la audiencia.

Por otro lado hemos de evitar ciertos comportamientos y enfoques para lograr un debate efectivo, respetuoso, ético y que genere percepciones positivas, para ello hemos de considerar lo siguiente:

**Ad Hominem o Ataques Personales:** Evitar dirigir los argumentos hacia la persona en lugar de hacia sus ideas. Los ataques personales, conocidos como argumentos ad hominem, son perjudiciales para la calidad del debate y no contribuyen a la resolución de los problemas discutidos.

**Desinformación o Datos Falsos:** Es crucial basar los argumentos en hechos verificables y evitar la propagación de información incorrecta. Utilizar datos falsos puede minar la credibilidad del orador y debilitar su posición en el debate.

**Ignorar o Despreciar Contrapuntos:** Un debate efectivo implica abordar los contraargumentos de manera respetuosa y fundamentada. Ignorar o despreciar los puntos de vista opuestos debilita la posición del orador y va en contra del espíritu del diálogo constructivo.

**Interrupciones Constantes**: Respetar el tiempo asignado para cada participante es esencial. Las interrupciones constantes pueden crear un ambiente hostil y dificultar la comprensión de los argumentos. Escuchar activamente es fundamental para un debate productivo.

**Falta de Estructura y Claridad:** Un discurso desorganizado o sin una estructura clara puede dificultar la comprensión de tus argumentos. Evita divagar y asegúrate de que tus ideas estén presentadas de manera lógica y coherente.

Además, es importante tener presente el adecuado uso de notas y apoyos visuales, ya que pueden ser una herramienta valiosa en un debate, pero su efectividad depende de cómo se utilicen, por ello es importante tener en cuenta los aspectos que presentamos a continuación:

**Concisión y Claridad en las Notas:** Las notas deben ser breves y centradas en puntos clave. Procuremos el no escribir párrafos extensos, y que las notas solamente contengan las palabras clave o frases cortas, ya que ello facilita la rápida referencia y permite mantener la atención en el contrario, así como en la audiencia, al prestar atención a estos aspectos, se puede maximizar el impacto, fortaleciendo la percepción que se pueda generar. Por ello hemos de tener en cuenta:

**Coherencia con la Estructura del Discurso**: Es importante que el orador se asegure, de que sus notas reflejan la estructura general de su discurso, estas, deben ser un recordatorio de los puntos principales y la secuencia lógica de la argumentación que permitirá mantener la coherencia y fluidez en la presentación.

**Práctica con las Notas:** Antes del debate, es necesario el practicar el discurso utilizando las notas. Esto permitirá familiarizarse con el contenido y desarrollar la capacidad de referencia rápida. La práctica también permite ajustar y mejorar las notas según sea necesario.

**Uso Estratégico de Apoyos Visuales:** Si se planea utilizar presentaciones visuales, el orador debe asegurarse que sean claras, relevantes y no abrumadoras. Gráficos, imágenes o datos visuales deben reforzar los argumentos, no distraer o confundir a la audiencia.

**Contacto Visual:** Evitar depender demasiado de las notas y apoyos visuales, pues es importante mantener el contacto visual con la audiencia para establecer conexión y credibilidad. El uso de las notas es solamente un recurso de apoyo, no un sustituto completo de la interacción visual.

## El Moderador del Debate

En el intrincado escenario de un debate, el moderador se puede comparar como el arquitecto invisible, cuya labor meticulosa da forma y coherencia a las interacciones de los debatientes. Su papel trasciende más allá de la simple administración del tiempo; se convierte en el catalizador que fusiona la diversidad de voces en un diálogo armonioso. En la complejidad del discurso, el moderador desentraña la madeja de ideas, permitiendo que cada hilo encuentre su espacio y se entrelace con los demás.

La importancia del moderador reside en su habilidad para mantener el equilibrio entre la rigidez de las reglas y la flexibilidad ante los matices del intercambio. En este campo verbal, su destreza se manifiesta al dirigir la variedad de argumentos, generando, en la medida de lo posible, armonía entre los debatientes. Es así, que través de su trabajo, generará la equidad, garantizando que cada participante tenga la oportunidad de hacer brillar su perspectiva.

Es necesario que cuente con la capacidad para adaptarse a la espontaneidad del momento, respondiendo con astucia y agilidad a las variables imprevistas. En el torrente de ideas, su destreza se revela al anticipar y resolver conflictos con la destreza de un diplomático, manteniendo la esencia de un debate respetuoso y enriquecedor.

En este escenario de alta complejidad, el moderador no solo gestiona el tiempo y las intervenciones, sino que también forja un espacio donde las ideas se despliega en su máxima expresión. Se convierte en el facilitador que, al tejer la trama de la discusión, permite que la energía del debate fluya con vitalidad, explorando los rincones más profundos de cada argumento.

La labor del moderador durante un debate, no es el de un maestro de ceremonias, se convierte en el artífice que da forma al caos, el diplomático que resuelve tensiones y el gestor que facilita la comprensión colectiva, por ello deberá observar unas cuantas reglas que apoyarán su complicada tarea, las cuales son:

**Imparcialidad:** Es esencial mantener una posición neutral, no tomar partido ni mostrar preferencias hacia ningún participante o posición. El objetivo del moderador es facilitar el debate, no influir en su resultado.

**Control del Tiempo:** Se debe establecer y hacer cumplir estrictamente los límites de tiempo para cada participante y para cada sección del debate. Esto garantiza que todos tengan una oportunidad equitativa para expresar sus puntos de vista.

**Orden y Estructura**: El moderador debe establecer claramente el formato del debate y las reglas básicas al principi y asegurarse de que los participantes se adhieran a la estructura acordada, ello permite mantener el orden durante toda la discusión.

**Gestión de Preguntas y Respuestas:** Facilitar el intercambio de preguntas y respuestas de manera organizada. Animar a la audiencia a participar, pero controlando cualquier interrupción o desviación que pueda surgir.

**Resolución de Conflictos:** Anticipar posibles conflictos y contar con un plan para abordarlos. Si surge una disputa, intervenir de manera imparcial y resolver el problema de manera que se mantenga el respeto y la equidad.

**Adaptabilidad**: Buscar ser flexible y capaz de ajustarse a cambios inesperados. Puede ser necesario adaptar el plan del debate según las circunstancias, y la capacidad del moderador para hacerlo de manera efectiva es esencial.

**Fomento de un Ambiente Respetuoso:** Establecer las expectativas para un debate respetuoso y alentar a los participantes, así como a la audiencia a mantener un tono de respeto y cortesía.

**Cierre Efectivo:** Concluye el debate de manera ordenada y proporciona un resumen breve de los puntos destacados. Agradece a los participantes y a la audiencia por su contribución.

## Oratoria Forense

La oratoria forense se emplea en los tribunales con el objetivo de influir en las decisiones de los jueces, ya sea buscando la condena o la absolución de una o más personas en cualquier tipo de demanda. Este tipo de oratoria requiere un profundo conocimiento de la legislación.

El orador forense debe comenzar por tratar de ganarse el favor de los jueces. Su primera tarea es obtener su benevolencia y comprender su disposición mental con respecto al caso en cuestión. Si los jueces muestran simpatía hacia su posición, debe trabajar para reforzar esa actitud. Si no es así, debe esforzarse por presentar sus argumentos de la manera más persuasiva posible, apelando a la humanidad o la justicia, según corresponda.

Cuando aborde el fondo del asunto, el orador forense debe ser meticuloso al definir sus puntos de vista y los intereses en juego, tanto los suyos como los de la otra parte. Esto proporciona claridad a los jueces y crea una primera impresión positiva del orador. En la oratoria forense, se pueden debatir hechos que no estén completamente claros, hechos que estén establecidos, pero se cuestione la culpabilidad, o cuestiones relacionadas con la legalidad de la acción en cuestión.

Las cuestiones judiciales se dividen en dos categorías: de hecho y de derecho. Las de hecho implican la investigación de un acontecimiento y su autoría, mientras que las de derecho se centran en determinar si, dado un hecho y su autoría, se debe condenar o absolver, y en caso de condena, cuál es la pena adecuada. En esta fase, el orador forense debe esforzarse por crear una impresión favorable en los jueces.

Todo lo que sea beneficioso para su argumento debe destacarse con énfasis, y se debe presentar una interpretación favorable de los hechos, mientras se buscan maneras de atenuar los aspectos desfavorables. La verdad y la franqueza deben ser la base de su discurso, respaldando sus argumentos con los más sólidos posibles.

La argumentación jurídica o forense es de vital importancia en el sistema legal y judicial de cualquier sociedad. Su relevancia radica en que sirve como el cimiento sobre el cual se construye la justicia y se toman decisiones que afectan las vidas, derechos y responsabilidades de las personas. En primer lugar, la argumentación jurídica proporciona un marco estructurado y racional para presentar y evaluar los argumentos en un caso legal. Esto garantiza que las partes involucradas tengan la oportunidad de expresar sus puntos de vista de manera organizada y lógica, lo que promueve la equidad y la imparcialidad en el proceso judicial.

Además, la argumentación jurídica es esencial para la interpretación y aplicación de la ley. Los jueces y magistrados dependen de argumentos sólidos y bien fundamentados para tomar decisiones informadas y justas. A través de la argumentación jurídica, se pueden establecer precedentes legales que guían futuras decisiones judiciales y contribuyen a la coherencia y estabilidad del sistema legal.

La argumentación jurídica también desempeña un papel crucial en la persuasión. Los abogados deben ser habilidosos en la presentación de argumentos convincentes para defender los intereses de sus clientes y persuadir a los jueces o jurados. Esto no solo se trata de citar leyes y precedentes, sino de construir una narrativa sólida que conecte los hechos del caso con los principios legales aplicables.

Esta argumentación jurídica es fundamental para la administración de justicia, ya que proporciona un método ordenado y lógico para presentar argumentos legales, interpretar la ley y tomar decisiones judiciales informadas. Contribuye a la equidad, la imparcialidad y la coherencia en el sistema legal, y es esencial para la protección de los derechos y la resolución justa de conflictos en una sociedad democrática.

Los argumentos jurídicos se dividen en varias categorías según su naturaleza y propósito.

A continuación, presentamos algunos de los tipos de argumentos jurídicos más comunes:

**Argumentos Legales o de Derecho**: Estos argumentos se basan en las leyes, regulaciones y precedentes legales aplicables a un caso. Los abogados argumentan cómo la ley respalda su posición o interpretación del caso.

**Argumentos de Hecho:** Estos argumentos se centran en los hechos del caso y cómo estos afectan la resolución legal. Los abogados presentan evidencia y argumentan cómo los hechos se relacionan con la ley.

**Argumentos de Política:** Estos argumentos se basan en consideraciones de política pública y en el interés general. Los abogados pueden argumentar que una decisión legal debe tomarse en función de lo que es mejor para la sociedad en su conjunto.

**Argumentos de Moralidad o Ética:** Estos argumentos se relacionan con cuestiones de ética y moralidad. Los abogados pueden argumentar que una decisión legal debe basarse en principios éticos o morales específicos.

**Argumentos de Precedentes:** Se refieren a cómo casos anteriores (precedentes) se aplican o difieren del caso actual. Los abogados argumentan que la decisión debe basarse en cómo se resolvieron casos similares en el pasado.

**Argumentos de Equidad:** Estos argumentos se centran en la equidad y la justicia en lugar de en la ley estricta. Los abogados pueden argumentar que una decisión legal debe ser justa y equitativa en función de las circunstancias individuales del caso.

**Argumentos de Interpretación Legal:** Estos argumentos se relacionan con la interpretación de estatutos y documentos legales. Los abogados pueden argumentar cómo se debe entender y aplicar la ley en cuestión.

**Argumentos de Hechos Admitidos:** Estos argumentos se basan en hechos que ambas partes aceptan como verdaderos y se centran en cómo esos hechos admitidos afectan la resolución del caso.

**Argumentos de Política de No Intervención:** En casos en los que se discute la intervención del gobierno en los derechos individuales, los abogados pueden utilizar argumentos basados en la política de no intervención gubernamental en la vida privada.

**Argumentos de Proporcionalidad**: En casos que involucran sanciones o castigos, los abogados pueden argumentar que las sanciones deben ser proporcionales a la gravedad del delito o la infracción.

Estos son algunos de los tipos de argumentos jurídicos más comunes, y su uso puede variar según la jurisdicción y el tipo de caso en cuestión. Los abogados utilizan estos argumentos para construir sus casos y persuadir a los jueces o jurados en el proceso legal.

BENJAMIN BRAFMAN

https://aishlatino.com/los-secretos-del-exito-del-mejor-abogado-defensor-de-los-estados-unidos/

En la última parte de su discurso, el orador forense debe resaltar la debilidad de los argumentos contrarios y la fuerza de los propios. El conocimiento de las leyes es una ventaja fundamental, pero incluso en casos en los que la ley es clara, la elocuencia y la habilidad para apelar a los sentimientos humanos pueden influir en la decisión final.

La contraargumentación jurídica o forense desempeña un papel esencial en el proceso legal y discursivo, ya que implica la capacidad de cuestionar y refutar los argumentos presentados por la parte contraria en un caso legal. Al utilizarla en el discurso, los abogados y juristas pueden fortalecer su posición al identificar debilidades en los argumentos adversarios, ya sea desafiando la interpretación de la ley, presentando evidencia contrapuesta o demostrando inconsistencias en la narrativa de la otra parte.

La contraargumentación no solo permite defender la posición propia, sino que también contribuye a la búsqueda de la verdad y la justicia al someter las afirmaciones legales a un escrutinio minucioso y garantizar que las decisiones judiciales se basen en argumentos sólidos y válidos, promoviendo así la integridad del sistema legal.

# Oratoria Sagrada

En la oratoria religiosa, el enfoque del discurso se centra en cuestiones de naturaleza espiritual. Como sabemos, la religión se compone de tres elementos esenciales: moral, dogmas y liturgia, y todo lo relacionado con estos temas se vincula a la oratoria religiosa.

La oratoria sagrada es una forma especializada de discurso que se centra. Su objetivo principal es comunicar, enseñar y transmitir principios de fe, moral y espiritualidad a una audiencia religiosa. Esta forma de oratoria se encuentra en diversas tradiciones religiosas, como el cristianismo, el islam, el judaísmo, el budismo y muchas otras

La esencia de la oratoria religiosa se origina en la moral, de donde derivan las conversaciones doctrinales que buscan difundir esta moral entre el pueblo. Hay tres cualidades fundamentales que debe poseer este tipo de oratoria: unidad, claridad y pertinencia. La claridad es particularmente importante en estos discursos, ya que a menudo están dirigidos a audiencias populares y no deben utilizar un lenguaje rebuscado. Sin embargo, el orador religioso debe aspirar no solo a persuadir y convencer, sino también a conmover a su audiencia. Afortunadamente, tiene a su disposición una rica fuente de recursos en las Sagradas Escrituras y las vidas de los santos para ilustrar sus sermones de manera conmovedora.

La unidad en este tipo de discursos radica en abordar un solo tema, ya que la atención del público debe centrarse en un solo punto para que el mensaje sea efectivo y deje una impresión duradera en los oyentes.

En cuanto a la pertinencia o adecuación, es importante que los temas se adapten a la naturaleza de la audiencia. Sería inapropiado, por ejemplo, hablar sobre la vida citadina ante una audiencia compuesta por campesinos.

El predicador debe tener en cuenta, en primer lugar, que su discurso debe ser genuinamente accesible al público, que puede no tener un conocimiento avanzado de términos o conceptos complicados. Además, debe recordar que su objetivo es persuadir, pero no de manera fría y puramente intelectual, sino moviendo también las emociones y motivando a la acción.

En segundo lugar, debe seleccionar un tema que se adapte a su audiencia, en línea con la idea de la pertinencia. En tercer lugar, debe centrar su discurso en un solo tema para evitar dispersar la atención de la audiencia y garantizar que el mensaje sea claro y efectivo.

La oratoria sagrada se utiliza para enseñar y explicar los principios religiosos y éticos de una fe en particular. Los oradores sagrados a menudo interpretan textos religiosos y proporcionan orientación espiritual, es por ello que los discursos sagrados buscan inspirar a la audiencia a vivir de acuerdo con sus creencias religiosas y valores espirituales. Los oradores utilizan ejemplos y narrativas religiosas para motivar a la audiencia a llevar una vida piadosa y virtuosa.

Este tipo de oratoria, suele apelar a las emociones de la audiencia, tratando de generar sentimientos de devoción, gratitud, humildad o arrepentimiento. La música, la poesía y la retórica emotiva son herramientas comunes en la oratoria religiosa, pero también, a menudo abordan cuestiones éticas y morales, proporcionando pautas sobre lo que se considera correcto e incorrecto según la fe en cuestión. Estos discursos pueden influir en la conducta y la toma de decisiones de los fieles.

**Ejemplos de Discursos Sagrados:**

El Sermón de la Montaña (Cristianismo) es el discurso de Jesús, constituye uno de los ejemplos más conocidos de oratoria sagrada en el cristianismo. En él, Jesús, enseña las Bienaventuranzas y otros principios éticos que siguen siendo fundamentales para la moral cristiana.

En el islam, el sermón del viernes, conocido como Khutba, es una forma importante de oratoria sagrada. El imán ofrece un sermón que aborda temas religiosos, éticos y sociales, y brinda orientación espiritual a la comunidad musulmana.

En Yom Kipur, el día del perdón en el judaísmo, el rabino ofrece un sermón que se centra en la reflexión, el arrepentimiento y la búsqueda del perdón divino. Este discurso tiene como objetivo inspirar una vida más piadosa y una mayor conexión con Dios.

En el budismo, los monjes y líderes espirituales a menudo ofrecen sermones que enseñan los principios del Dharma, incluyendo la noble verdad del sufrimiento, el camino óctuple y la comprensión de la impermanencia. Estos discursos buscan iluminar y guiar a los seguidores en su camino espiritual.

La oratoria sagrada desempeña un papel crucial en la vida religiosa y espiritual de muchas personas en todo el mundo. Los discursos sagrados a menudo son una fuente de inspiración, orientación y consuelo para los fieles y contribuyen a la transmisión de la tradición religiosa y los valores espirituales a lo largo de las generaciones.

# Oratoria Académica

La oratoria académica, en su esencia, se destaca por su simplicidad y claridad en la comunicación del conocimiento. A diferencia de la retórica ornamental, que busca deslumbrar con florituras y palabras grandilocuentes, la oratoria académica se basa en exposiciones simples y fundamentadas en hechos documentados.

Su objetivo principal es informar sobre el trabajo individual o colectivo de los estudiosos de manera directa y efectiva. En lugar de buscar el asombro con adornos retóricos, se centra en ofrecer una manifestación limpia y desprovista de artificios innecesarios. De esta manera, se convierte en un vehículo auténtico para la transmisión del conocimiento genuino.

Dentro de la oratoria académica, podemos incluir dos formas destacadas: la conferencia y la ponencia. La conferencia se utiliza ampliamente en la actualidad para difundir ideas y conocimientos, y se caracteriza por ser una disertación informativa y educativa.

Por otro lado, la ponencia se asemeja a una tesis, ya que resume y presenta un cuerpo de conocimiento ante un público académico o en eventos como congresos y mesas redondas. En este contexto, las ponencias permiten llegar a conclusiones y recomendaciones fundamentadas tras un análisis y deliberación rigurosos.

La oratoria académica se enfoca en la transparencia y la eficacia en la comunicación del saber, destacando la importancia de presentar información de manera accesible y sustentada.

Los principios fundamentales de la Oratoria Académica se basan en la búsqueda de la claridad, la objetividad y la efectividad en la comunicación del conocimiento.

En primer lugar, la claridad es esencial, ya que implica la capacidad de expresar ideas de manera precisa y comprensible para la audiencia. Un discurso académico debe evitar la ambigüedad y la confusión, optando por una estructura lógica y un lenguaje claro.

En segundo lugar, la objetividad es un pilar crucial, ya que la oratoria académica busca transmitir información imparcial y respaldada por evidencia sólida. La presentación de datos, hechos y argumentos debe ser honesta y libre de sesgos ideológicos o personales. Finalmente, la efectividad implica la habilidad de lograr los objetivos de comunicación, ya sea informar, persuadir o enseñar.

Un discurso académico efectivo debe mantener la atención de la audiencia y asegurar que el conocimiento se transmita de manera impactante y memorable. En resumen, la Oratoria Académica se rige por la claridad, la objetividad y la efectividad, garantizando así la transmisión eficaz y confiable del conocimiento académico.

# La Conferencia

La conferencia se clasifica dentro de la categoría de la oratoria individual, se establece una estructura y se definen ciertas expectativas que guían el discurso. Esta estructura comprende cuatro elementos esenciales: el Exordio, la Proposición, la Confirmación y el Epílogo.

En el **Exordio**, el expositor tiene la oportunidad de presentarse, especialmente si no es conocido por la audiencia, y de tejer una introducción que despierte el interés del público en el tema que se abordará. Esta fase inicial puede cumplir con ambos propósitos, estableciendo una conexión inicial con la audiencia y suscitando curiosidad sobre el tema a tratar.

La **Proposición** constituye el segundo componente, donde el conferenciante amplía la discusión sobre el tema anunciado previamente. Aquí se profundiza en los detalles del tema, se desglosa en sus diversas partes y se proporciona una exposición más completa.

En la fase de **Confirmación**, el expositor debe abordar el problema o tema de manera analítica. Esto implica respaldar los argumentos presentados, refutar opiniones adversas o equivocadas, y establecer de manera clara su propia conclusión. En este punto, se busca estimular el interés intelectual, emocional o de acción en la audiencia

En esta etapa, el expositor debe demostrar su dominio de la oratoria, empleando gestos, modulación vocal y expresión corporal para respaldar sus argumentos. Aquí es donde se canaliza el entusiasmo para respaldar el conocimiento que se está transmitiendo.

Finalmente, el Epílogo se presenta como la parte concluyente de la conferencia. Su función es ofrecer un resumen o síntesis del conocimiento expuesto. Sin embargo, es importante que este cierre sea coherente con el mensaje general y no una adición superflua. Un epílogo bien construido permite que el público retenga con claridad el conocimiento esencial, liberándolo de las introducciones y elementos de confirmación. Esta forma de epílogo es apreciada por la audiencia, ya que facilita la retención y la recapitulación del contenido presentado durante toda la conferencia.

# TIPOS DE ORATORIA

**Existen requisitos esenciales que todo conferenciante debe cumplir de manera rigurosa. Estos requisitos incluyen un profundo dominio del tema o asunto a tratar, la pertinencia y oportunidad de la difusión, la claridad en la comunicación, y la adaptación adecuada tanto a la audiencia como al entorno.**

E<small>DUARDO</small> S<small>AÉNZ DE</small> C<small>ABEZÓN</small>

## La Ponencia

Aunque no se mencione específicamente este tipo de trabajo como parte de la oratoria académica en la literatura relacionada, creemos que, al igual que la conferencia, debe considerarse como una parte integral de esta disciplina. Esto se debe a que tanto la conferencia como la ponencia contribuyen a enriquecer el conocimiento, como lo señalaba Campbell.(G. Campbell,1801).

Además, respaldamos esta afirmación al recordar que las ponencias se presentan ante una audiencia que asiste a congresos con el propósito de adquirir conocimientos, y en ocasiones, expresan sus propias ideas en un entorno deliberativo para llegar a recomendaciones, conclusiones y resultados aplicables.

Es importante destacar que existen diferencias significativas entre ambos enfoques. Mientras que la conferencia implica la transmisión de conocimientos y está sujeta a preguntas y explicaciones adicionales para ampliar la información, la ponencia se asemeja más a una comunicación o propuesta en forma de tesis, específicamente sobre un tema concreto que se somete al examen y resolución de una asamblea.

En cuanto a la presentación de este tipo de trabajo, se requiere una lectura clara, un contacto visual con la audiencia y la utilización de recursos visuales como gráficos y diapositivas cuando sea necesario. Además, es importante seguir una estructura particular para su presentación.

**1. Antecedentes**
**2. Proposición**
**3. Confirmación**
**4. Recomendaciones**
**5. Conclusiones**

**ANTECEDENTES:** En esta sección, el ponente aprovecha la oportunidad para resumir todo lo que se ha investigado, estudiado o realizado sobre el tema en cuestión. Este resumen sirve como introducción a su proposición, y se realiza de manera coherente y fluida, evitando transiciones abruptas a pesar de las distintas partes que conforman la presentación.

**CONFIRMACIÓN:** Esta es la parte central del trabajo, donde el ponente, al igual que un conferenciante, analiza y respalda su tesis. Aquí se presentan y refutan las opiniones en contra, apoyándose en argumentos sólidos, razones y ejemplos pertinentes. La defensa de la proposición se lleva a cabo con claridad, energía y entusiasmo, otorgando prioridad a los argumentos más convincentes, reforzados por los de menor impacto.

**PROPOSICIÓN:** En esta sección, el expositor presenta de manera clara su proposición, destacando sus méritos y preparando a la audiencia para los argumentos y razones que expondrá en la confirmación.

**RECOMENDACIONES:** Como resultado lógico de su argumentación y del impacto emocional generado en la sección anterior, el ponente ofrece recomendaciones que considera pertinentes. Estas recomendaciones pueden tener como objetivo fortalecer su propuesta o ganar el apoyo de quienes participarán en la aprobación, aceptación o rechazo de su ponencia.

**CONCLUSIÓN:** La conclusión se basa en las recomendaciones que el ponente considera más relevantes. Generalmente, refleja conceptos similares a los que ha seleccionado como título para su ponencia.

# Oratoria comercial: persuasión en el mundo de los negocios

La oratoria comercial, un subconjunto esencial de la retórica, desempeña un papel crucial en el mundo de los negocios y el marketing moderno. En este capítulo, exploraremos cómo la habilidad de comunicar efectivamente se traduce en el éxito empresarial. Desde presentaciones de ventas hasta discursos corporativos, la oratoria comercial es una herramienta esencial para influir, persuadir y conectar con audiencias empresariales.

En el competitivo mundo de los negocios, la oratoria se ha convertido en un activo inestimable. Las habilidades de comunicación efectiva son vitales en todas las etapas del ciclo comercial: desde la presentación de productos y servicios hasta la negociación de contratos y la gestión de equipos. La oratoria no solo impulsa el crecimiento empresarial, sino que también construye la credibilidad y la confianza en la marca.

En el corazón de la oratoria comercial, se encuentran las diversas presentaciones de ventas, así como las negociaciones. Aquí, los oradores deben persuadir a los clientes potenciales o socios comerciales para que tomen decisiones favorables. La estructura de una presentación de ventas sigue principios similares a los de la retórica clásica: una introducción para captar la atención, un cuerpo para presentar argumentos convincentes y una conclusión que refuerza la llamada a la acción. La oratoria comercial efectiva implica la adaptación a las necesidades y deseos del cliente, el uso de ejemplos concretos y la presentación de un argumento lógico y emocionalmente atractivo.

La oratoria comercial no se limita a las interacciones con clientes externos, sino que también desempeña un papel crucial en la comunicación interna de la empresa. Los líderes empresariales deben ser capaces de comunicar sus visiones, objetivos y estrategias de manera efectiva a sus equipos. Esto implica la capacidad de inspirar, motivar y alinear a los empleados con los valores y la misión de la empresa. Las habilidades de presentación y la oratoria son esenciales para lograr una comunicación interna exitosa.

En el mundo del marketing, la oratoria comercial se traduce en el arte de la narrativa. Las historias son una forma poderosa de conectar con el público y transmitir mensajes persuasivos. Los anuncios publicitarios, los contenidos de marca y las campañas de marketing a menudo se basan en historias que evocan emociones y generan un impacto duradero. La capacidad de contar historias de manera efectiva se ha convertido en una habilidad esencial para los profesionales del marketing y la publicidad.

En el mundo de los negocios, la elocuencia y la credibilidad son fundamentales. Los oradores comerciales deben hablar con confianza y claridad. La elocuencia no solo implica el uso de un lenguaje sofisticado, sino también la capacidad de expresarse de manera accesible y convincente. La credibilidad del orador es igualmente importante; los clientes y socios comerciales deben confiar en que el orador tiene conocimiento y experiencia en el tema.

La preparación y la práctica son clave en la oratoria comercial. Los oradores deben conocer su material a fondo y anticipar preguntas u objeciones. La práctica constante mejora la confianza y la fluidez en la entrega del discurso. También permite a los oradores ajustarse a diferentes audiencias y situaciones comerciales.

La ética juega un papel fundamental en la oratoria comercial. Los oradores deben ser honestos y transparentes en sus comunicaciones. La manipulación o la exageración pueden dañar la reputación de una empresa a largo plazo. La oratoria ética se basa en la integridad y el respeto por la audiencia.

Al igual que en la retórica clásica, el uso de datos y evidencia sólida es esencial en la oratoria comercial. Los clientes y socios comerciales suelen basar sus decisiones en información sólida. Los oradores comerciales efectivos respaldan sus argumentos con datos, estadísticas y pruebas concretas.

En la era digital, la oratoria comercial se ha expandido a plataformas en línea y redes sociales. Los profesionales de marketing y ventas deben adaptarse a estos nuevos canales y dominar la oratoria digital. Esto incluye la creación de contenidos persuasivos, la gestión de presencia en línea y la interacción con audiencias en tiempo real.

La oratoria comercial es una herramienta estratégica esencial en el mundo de los negocios. Desde presentaciones de ventas hasta comunicación interna y marketing, las habilidades de persuasión y comunicación efectiva son vitales para el éxito empresarial. Los principios de la retórica clásica, como ethos, pathos y logos, siguen siendo fundamentales en la oratoria comercial moderna. Con una preparación sólida, práctica constante y un enfoque ético, los profesionales de los negocios pueden utilizar la oratoria como un medio poderoso para influir, persuadir y lograr sus objetivos comerciales.

En la Oratoria Comercial se puede utilizar la conocida fórmula AIDA, esta es un modelo ampliamente utilizado en la oratoria comercial para guiar a los oradores a persuadir y captar la atención de su audiencia de manera efectiva. AIDA es un acrónimo que representa cuatro etapas clave en el proceso de persuasión y venta: Atención, Interés, Deseo y Acción. A continuación, se explica cómo se puede aplicar la fórmula AIDA en la oratoria comercial:

**Atención:** La primera etapa de la fórmula AIDA es captar la atención de la audiencia. En la oratoria comercial, esto implica la necesidad de comenzar de manera impactante para atraer la atención de la audiencia desde el principio. Aquí hay algunas estrategias efectivas:

**Anécdota intrigante:** Comenzar con una breve historia o anécdota que sea relevante para el tema de la presentación puede ser una forma efectiva de llamar la atención.

Hacer una **pregunta provocativa** que plantee un problema o desafío que la audiencia pueda enfrentar puede ser una excelente manera de captar la atención.

**Estadística sorprendente:** Compartir una estadística impactante o un dato sorprendente relacionado con el tema puede generar interés de inmediato.

**Cita relevante:** Utilizar una cita relevante o un refrán que se relacione con el mensaje que se va a transmitir puede ser un buen gancho inicial.

**Interés:** Una vez que has captado la atención de la audiencia, es esencial mantener su interés. En esta etapa, debes presentar información que sea relevante y atractiva para la audiencia.

Algunas estrategias incluyen:

**Identificar el problema:** Presentar un problema o una necesidad que la audiencia pueda reconocer como propio y que sea relevante para el producto o servicio que se ofrece.

**Destacar beneficios:** Describir los beneficios y ventajas de lo que estás ofreciendo, centrándote en cómo puede resolver el problema o satisfacer la necesidad de la audiencia.

**Utilizar ejemplos concretos:** Ilustrar tus puntos con ejemplos o casos reales que muestren cómo otros se han beneficiado de tu oferta.

**Deseo**: En esta etapa, el objetivo es cultivar el deseo de la audiencia por lo que estás ofreciendo. Debes persuadir a la audiencia de que lo que presentas es algo que realmente desean o necesitan. Algunas estrategias incluyen:

**Resaltar ventajas** únicas: Destacar las características únicas de tu producto o servicio que lo hacen superior a otras alternativas en el mercado.

**Testimonios y casos de éxito:** Compartir testimonios, reseñas o historias de éxito de clientes satisfechos puede ayudar a crear un deseo genuino en la audiencia.

**Ofertas especiales:** Presentar ofertas especiales, descuentos o bonificaciones adicionales puede motivar a la audiencia a actuar.

**Acción:** La etapa final de la fórmula AIDA es la acción. Una vez que has captado la atención, generado interés y cultivado el deseo, debes guiar a la audiencia hacia una acción específica. Esta acción puede ser variada, como comprar un producto, suscribirse a un servicio, registrarse en un evento o simplemente obtener más información. Algunas estrategias incluyen:

**Llamado a la acción claro:** Debes ser específico y claro sobre lo que deseas que la audiencia haga. Por ejemplo, «Llame ahora para obtener su oferta especial» o «Haga clic en el enlace para registrarse hoy mismo».

**Crear un sentido de urgencia:** Fomentar una sensación de urgencia al señalar que la oferta es por tiempo limitado o que hay disponibilidad limitada puede motivar a la audiencia a actuar de inmediato.

**Facilitar la acción:** Asegúrate de que sea fácil para la audiencia tomar la acción que estás solicitando. Proporciona información de contacto o un enlace directo para que puedan responder con facilidad.

Esta fórmula, es una herramienta efectiva para estructurar discursos y presentaciones comerciales. Al seguir estas etapas, los oradores pueden guiar a la audiencia desde la captación de la atención inicial hasta la acción deseada, lo que aumenta las posibilidades de persuadir y lograr resultados comerciales exitosos.

GRANT CARDONE

## El Pitch de ventas

Un buen pitch de ventas, también conocido como «elevator pitch", es una presentación breve y convincente que resume de manera efectiva tu producto, servicio o idea en el tiempo que tomaría un breve viaje en ascensor.

Para lograrlo, comienza con una declaración impactante que capture la atención de tu interlocutor. Luego, describe claramente cuál es el problema que resuelve tu oferta y cómo lo hace de manera única. Destaca los beneficios clave que obtendrá el cliente y finaliza con una llamada a la acción clara, como una reunión de seguimiento o una solicitud de compra. La clave es ser conciso, claro y enfocarte en lo más relevante para tu audiencia, todo en un lapso de tiempo muy limitado.

Captura de Atención

Pregunta Impactante o Estadística Sorprendente

Identificación del Problema

Solución Única

Beneficios Clave

Ejemplos o Casos Reales

Llamado a la Acción

Acción Específica

Ejemplo de un Pitch de ventas:

"¡Hola! Soy Juan, fundador de InnovateTech.

¿Te has preguntado alguna vez cómo podrías mejorar la eficiencia de tu empresa con la última tecnología?

**En InnovateTech, nos especializamos en soluciones personalizadas que no solo ahorran tiempo, sino que también aumentan la productividad. Hemos trabajado con empresas similares a la tuya y hemos logrado un aumento del 30% en la eficiencia operativa en menos de seis meses.**

**¿Podemos agendar una reunión rápida para explorar cómo podemos llevar tu empresa al siguiente nivel con nuestras soluciones tecnológicas innovadoras?"**

Como podemos observar, este ejemplo tiene los elementos clave de un buen pitch de ventas: comienza con una presentación personal, destaca el problema o necesidad del cliente, ofrece una solución específica y concluye con una llamada a la acción clara.

Recordemos que este discurso supone un tiempo muy limitado, unos 30 segundos, no más. Por ello, el orador comercial debe ser contundente y sintético, y en ese tiempo generar razones para que el cliente acceda y nos de parte de su tiempo para poder en una nueva reunión explicar con mayor amplitud nuestro producto o servicio en forma más amplia y puntual.

# Oratoria Social

La oratoria social es la habilidad de comunicarse de manera efectiva en situaciones cotidianas y sociales. Aunque no se trata de discursos formales o presentaciones elaboradas, sigue siendo una habilidad esencial en la sociedad moderna. En este capítulo, exploraremos la importancia de la oratoria social, cómo desarrollarla y algunas estrategias clave para comunicarse con éxito en la vida diaria.

La oratoria social es fundamental en nuestra vida diaria, ya que interactuamos constantemente con amigos, familiares, colegas y extraños. Las habilidades de comunicación efectiva son esenciales para construir relaciones, resolver conflictos, expresar pensamientos y emociones, y colaborar en equipos. La falta de habilidades de oratoria social puede llevar a malentendidos, tensiones y dificultades en la vida cotidiana.

A pesar de que la oratoria social presenta un carácter menos solemne que el discurso político, el forense, el académico, etc., es necesario considerar lo siguiente:

**Escucha Activa**: La base de cualquier comunicación efectiva radica en la práctica de la escucha activa. Dicha modalidad implica una dedicación total a quien dialoga, cuestionamientos para aclarar conceptos, asentimientos que reflejen compromiso y la abstención de interrupciones.

**Lenguaje Corporal**: El lenguaje corporal constituye un componente cardinal en la oratoria social. Un contacto visual constante denota interés y franqueza. La adopción de una postura abierta y gestos coherentes permite transmitir confianza y sintonizar con la empatía.

**Claridad y Concisión:** La expresión deberá caracterizarse por su claridad y concisión. Es menester evitar recurrir a tecnicismos superfluos o terminología oscura, adaptando el discurso al nivel de comprensión de la audiencia y garantizando, de esta manera, que el mensaje se perciba diáfano.

**Empatía:** La empatía constituye el corazón de la comunicación efectiva. Tratar de comprender las emociones y perspectivas de los demás facilita la resolución de disputas y potencia las relaciones interpersonales.

**Habilidades de Conversación:** Desarrollar habilidades de conversación implica saber cómo iniciar y mantener una conversación, hacer preguntas abiertas para fomentar la participación y evitar monólogos largos. Practicar el arte de la conversación permite interacciones sociales más ricas y significativas.

Este tipo de oratoria se aplica en una variedad de contextos, desde reuniones familiares hasta reuniones de trabajo y eventos sociales. En un entorno laboral, la oratoria social efectiva implica comunicarse de manera profesional, expresar ideas con claridad y ser un buen oyente. Esto es esencial para la colaboración en equipos, la resolución de problemas y el desarrollo profesional.

La oratoria social encarna una competencia que todos podemos cultivar para mejorar nuestros encuentros cotidianos. Al observar estas normativas y estructurar el discurso eficazmente, podremos comunicarnos con mayor impacto y cimentar relaciones sólidas en todas las esferas de nuestra vida.

## Estructura de un Discurso Social Efectivo

Un discurso social eficiente sigue una estructura básica, aunque la flexibilidad impera en mayor medida que en discursos más formales:

**Introducción:** Iniciar con una salutación cordial y una declaración impactante o que establezca el tono apropiado, como: «Saludos a todos, ¿cómo se encuentran hoy?»

**Cuerpo del Discurso**: Exponer tus ideas de manera metódica y ordenada. La organización de tus argumentos deberá seguir un razonamiento lógico y coherente. A menudo, ilustrar tus puntos con ejemplos o anécdotas potenciará la efectividad del mensaje.

**Historias Personales:** Recurrir a anécdotas personales resulta efectivo para conectar con la audiencia. Estas vivencias pueden respaldar tus puntos de vista y conferir un cariz memorable a tu discurso.

**Preguntas y Respuestas:** Fomentar la participación mediante la promoción de preguntas o el intercambio de opiniones enriquece la conversación y aporta un valor añadido al diálogo.

**Conclusión:** Concluir de manera resonante, sintetizando los aspectos principales y reiterando cualquier llamado a la acción que se haya planteado, por ejemplo: «En síntesis, considero que juntos podemos..."

**Despedida:** Finalizar con una despedida amigable, como: "Fue un placer compartir con todos ustedes. Hasta la próxima ocasión.»

## Ejemplo de Discurso Social:

*Queridos amigos y amigas:*

*Hoy me dirijo a todos ustedes con el propósito de reflexionar sobre un tema que, en estos tiempos de constante cambio, cobra una relevancia ineludible: la comunicación en la sociedad moderna.*

*Vivimos en un mundo que se mueve a un ritmo vertiginoso, donde las interacciones sociales son universales. Ya sea en el ámbito laboral, en nuestras reuniones familiares o en esos encuentros casuales con amigos, la habilidad de comunicarnos de manera efectiva se ha convertido en una habilidad invaluable.*

*La importancia de la oratoria social radica en su capacidad para crear conexiones positivas con quienes nos rodean. No se trata solo de transmitir información, sino de entender y ser entendidos, de empatizar y compartir, entre lo que hemos de considerar a la escucha activa, esa capacidad de prestar atención plena a quien habla, es un componente crítico de esta habilidad.*

*Por otro lado, el lenguaje corporal, también juega un rol determinante en nuestras interacciones sociales. Un simple gesto, una sonrisa, o el contacto visual adecuado pueden transmitir confianza, empatía y apertura. Estos pequeños detalles pueden marcar una gran diferencia en nuestras relaciones cotidianas.*

*Sin embargo, la oratoria social no se limita a las palabras y gestos; también se refleja en la elección de nuestras palabras. La claridad y la concisión son virtudes que garantizan que nuestro mensaje sea comprendido sin ambigüedades ni confusiones. Adaptar nuestro lenguaje al nivel de comprensión de nuestra audiencia es un acto de consideración y respeto.*

*Un buen comunicador sabrá establecer empatía, que es la habilidad de ponerse en el lugar del otro, es el puente que nos conecta con las emociones y perspectivas de quienes nos rodean. Es un componente fundamental de la comunicación efectiva en la sociedad moderna. La empatía nos permite comprender no solo las palabras que se pronuncian, sino también los sentimientos y las necesidades subyacentes.*

*No olvidemos la importancia de las historias personales, esas vivencias compartidas que enriquecen nuestras conversaciones y fortalecen los lazos humanos. Fomentar la participación y el intercambio de opiniones enriquece el diálogo, añadiendo matices y perspectivas diversas.*

*la oratoria social es una habilidad que todos podemos cultivar y mejorar. En estos tiempos de interconexión constante, saber comunicarnos efectivamente no solo es un valor agregado, sino una necesidad. La empatía, la escucha activa y la elección cuidadosa de nuestras palabras son las herramientas que nos permiten construir relaciones sólidas y significativas en la sociedad moderna. Así que, amigos y amigas, sigamos compartiendo, escuchando y construyendo juntos un mundo más comunicativo y comprensivo. ¡Gracias!*

**MICHELLE OBAMA**

## Neotelling

La comunicación es un pilar fundamental de la sociedad. Desde los primeros gestos y gruñidos de nuestros ancestros hasta la compleja interacción digita

l de hoy en día, hemos evolucionado constantemente en nuestra forma de transmitir ideas, emociones y conocimiento. En este contexto, el concepto de «Neotelling» emerge como una poderosa evolución en la narración de historias y la comunicación en la era digital. En este artículo, exploraremos en profundidad qué es el Neotelling, por qué es relevante en la sociedad actual y cómo está moldeando el paisaje de la comunicación.

### Neotelling: Un Concepto que Desafía el Status Quo

> **Neotelling** es el concepto que describe **cómo la comunicación verbal y no verbal cambia al incluir las nuevas tecnologías** en el discurso

Para comprender el Neotelling, primero debemos sumergirnos en su definición. En esencia, el Neotelling se refiere a la adaptación y evolución de la narración de historias en el entorno digital. Tradicionalmente, la narración de historias ha sido una herramienta fundamental para la transmisión de conocimientos, valores y experiencias a lo largo de la historia humana. Desde las pinturas rupestres hasta las epopeyas homéricas, las historias han servido como un vehículo para compartir información y conectar con los demás.

Sin embargo, en la era digital, la forma en que consumimos y compartimos historias ha cambiado drásticamente. Las redes sociales, los blogs, los podcasts y las plataformas de video han transformado la narración de historias en una experiencia multimodal y global. El Neotelling se refiere a esta nueva forma de contar historias, que combina elementos tradicionales de narración con las capacidades tecnológicas y multimedia de la era digital.

Uno de los pilares del Neotelling es el uso de la multimedia para enriquecer las historias. Antes, las historias se transmitían principalmente a través de palabras escritas o habladas. Hoy en día, las historias pueden incluir imágenes, videos, música, animaciones y más. Esta mezcla de medios permite una comunicación más rica y emocional, ya que se aprovechan múltiples sentidos.

Por ejemplo, un simple mensaje escrito sobre la belleza de un lugar puede ser mucho más impactante cuando se acompaña de una fotografía impresionante que capta la escena en toda su gloria. Las palabras pueden describir una emoción, pero la música puede hacer que la audiencia la sienta profundamente. La combinación de elementos multimedia en el Neotelling crea una experiencia más envolvente y memorable para el público.

Otro aspecto clave del Neotelling es la interactividad. En el pasado, las historias eran unidireccionales: el narrador compartía su relato y la audiencia escuchaba o leía pasivamente. En la era digital, las historias pueden ser una experiencia interactiva en la que la audiencia participa activamente.

Los podcasts, por ejemplo, permiten a los oyentes comentar, compartir y discutir episodios. Las redes sociales ofrecen la posibilidad de participar en conversaciones en tiempo real sobre temas de interés. Incluso las plataformas de video en vivo permiten que los espectadores interactúen con los creadores en tiempo real.

La interactividad no solo aumenta la participación del público, sino que también crea un sentido de comunidad en torno a las historias. Los seguidores pueden sentirse parte de una tribu virtual que comparte intereses y pasiones similares. Esta conexión emocional fortalece el impacto de las historias y crea un compromiso más profundo.

En la era del Neotelling, las historias pueden adaptarse a las preferencias y necesidades individuales de la audiencia. Las tecnologías de análisis de datos permiten a los narradores comprender mejor a su público y ajustar sus historias en consecuencia.

Por ejemplo, los algoritmos de recomendación en plataformas de streaming de video sugieren contenido basado en el historial de visualización de un usuario. Los anunciantes pueden segmentar sus mensajes para llegar a audiencias específicas en función de datos demográficos, comportamientos en línea y preferencias.

Esta personalización no solo mejora la relevancia de las historias, sino que también aumenta la eficacia de la comunicación. Cuando una historia resuena profundamente con un individuo, es más probable que la recuerde y actúe en consecuencia.

A pesar de todas las posibilidades que ofrece el Neotelling, también presenta desafíos únicos. En la era digital, la atención del público es un recurso escaso y altamente fragmentado. Las personas navegan por una multitud de estímulos en línea, desde noticias y videos hasta redes sociales y mensajes instantáneos.

En este contexto, las historias deben competir por la atención del público y captarla rápidamente. El arte de contar una historia efectiva en un mundo lleno de distracciones es una habilidad crítica en el Neotelling. Los narradores deben aprender a ser concisos, atractivos y cautivadores desde el primer segundo.

El Neotelling no se limita al entretenimiento o la publicidad. También tiene aplicaciones profundas en la educación y la comunicación empresarial. En las aulas digitales, los educadores pueden utilizar elementos multimedia y enfoques interactivos para involucrar a los estudiantes y mejorar la retención del conocimiento.

En el mundo empresarial, el Neotelling se ha convertido en una herramienta poderosa para comunicar visiones, estrategias y valores. Las empresas utilizan historias para conectarse emocionalmente con sus clientes y empleados. Las historias auténticas sobre el viaje de una empresa o los logros de sus empleados pueden fortalecer la identidad de la marca y crear una lealtad más profunda.

Con todo este poder y potencial, el Neotelling también plantea preguntas éticas importantes. La capacidad de personalizar y segmentar mensajes plantea preocupaciones sobre la privacidad y la manipulación. La creación de historias envolventes puede utilizarse para bien o para mal, lo que subraya la importancia de la responsabilidad en la narración de historias.

El Neotelling representa una emocionante evolución en la forma en que compartimos y consumimos historias en la era digital. Combina elementos multimedia, interactividad y personalización para crear experiencias de comunicación más ricas y efectivas. Sin embargo, también plantea desafíos, como la brevedad en un mundo de distracciones y cuestiones éticas relacionadas con el poder de la narración de historias. A medida que la tecnología continúa avanzando, el Neotelling seguirá moldeando la forma en que nos conectamos y comunicamos en la era digital.

**Neotelling, Oratoria y Retórica:**

La relación entre el Neotelling, la oratoria y la retórica es un fascinante punto de convergencia en la evolución de la comunicación en la era digital. Estos tres elementos, aunque distintos en su enfoque, se entrelazan de manera significativa para dar forma a la manera en que compartimos historias y mensajes en la actualidad.

La oratoria, entendida como el arte de hablar en público, se ha centrado tradicionalmente en la elocuencia y la habilidad para cautivar a una audiencia a través de la palabra hablada. La retórica, como ya lo hemos comentado, es el estudio y la práctica de la persuasión y la argumentación, y se basa en principios como la estructura del discurso, el uso de la lógica y la apelación a las emociones para influir en las opiniones de los demás. Ambas disciplinas han sido fundamentales en la historia de la comunicación, desde los discursos políticos de la antigua Grecia hasta los debates actuales en la esfera pública.

El Neotelling, como concepto que abarca la adaptación de la narración de historias a la era digital, abraza elementos de la oratoria y la retórica en su núcleo. En lugar de reemplazar completamente la oratoria tradicional, el Neotelling la amplía al aprovechar las capacidades multimedia y la interactividad que ofrece la tecnología moderna. Así, los oradores pueden utilizar elementos visuales, sonidos y participación activa del público para enriquecer sus discursos y crear una experiencia más completa y envolvente.

En términos de retórica, el Neotelling también incorpora principios retóricos en la creación de historias digitales efectivas. La estructura del discurso, como la introducción, el desarrollo y la conclusión, sigue siendo esencial en el Neotelling, pero se adapta a los formatos digitales. La capacidad de personalización y segmentación en el Neotelling también se alinea con los principios retóricos de adaptar el mensaje al público específico para lograr un impacto máximo.

Sin embargo, el Neotelling no es una mera extensión de la oratoria y la retórica; es una disciplina en sí misma que exige nuevas habilidades y enfoques. Los narradores en la era digital deben comprender cómo combinar medios multimedia, mantener la atención en un mundo lleno de distracciones y aprovechar la interactividad para involucrar al público. Además, deben ser conscientes de las cuestiones éticas que surgen en la narración de historias digitales, como la privacidad y la autenticidad.

Es asi, que, la relación entre el Neotelling, la oratoria y la retórica es una interacción dinámica que fusiona la riqueza de la elocuencia y la persuasión tradicionales con las posibilidades emocionantes y desafíos éticos de la comunicación digital. Esta convergencia da forma a una nueva forma de contar historias y transmitir mensajes en la era digital, enriqueciendo la experiencia de comunicación y abriendo nuevas puertas para la expresión creativa y la influencia.

# Conferencias virtuales

En el entorno de las conferencias virtuales, donde las reuniones se realizan a través de computadora, tablet o telefónos móviles, existen claves fundamentales para lograr una comunicación efectiva y mantener la atención de la audiencia. Si bien la distancia física puede parecer una barrera, es esencial dominar ciertos aspectos para aprovechar al máximo estas herramientas tecnológicas.

Una de las principales consideraciones es la **mirada virtual**. Aunque no compartimos el mismo espacio físico con nuestra audiencia, simular el contacto visual es crucial. Para lograrlo, debemos dirigir nuestra mirada hacia la cámara de nuestros dispositivos. Esto crea la sensación de estar conectados de manera más directa con los participantes. Además, debemos alternar nuestra atención entre la cámara y la pantalla para estar atentos al feedback de quienes nos escuchan y asegurarnos de que están comprometidos con nuestro mensaje.

Otro aspecto relevante es la **gestión** de la atención de la audiencia. La velocidad de nuestros movimientos debe adaptarse a la calidad de la conexión y al plano que hemos seleccionado. Si bien existen consejos sobre cómo gesticular de manera efectiva en una videoconferencia, es esencial recordar que nuestros gestos deben complementar nuestra comunicación en lugar de distraer a quienes nos escuchan. La moderación y la coherencia son clave en este sentido.

Es importante destacar que, incluso en un entorno virtual, las reuniones formales exigen una presentación profesional. Estar tumbado en la cama, en el sillón, etc., por ejemplo, no es una opción adecuada. Se sugiere utilizar una computadora personal como dispositivo para videoconferencias, siempre que sea posible. Esto contribuye a mantener una postura más erguida y a proyectar una imagen más profesional.

La elección del fondo es un aspecto que a menudo pasa desapercibido pero que puede marcar la diferencia en la percepción de la audiencia. Optar por fondos de pared blanca y un plano más cerrado, como un plano medio corto, evita que se vean objetos personales, muebles u otros elementos que podrían distraer o revelar detalles privados. Algunas herramientas también permiten difuminar el fondo o reemplazarlo con una imagen adecuada. En este caso, es importante seleccionar imágenes formales y extraídas de bancos de imágenes gratuitos con fines comerciales.

La voz desempeña un papel fundamental en la comunicación virtual, es crucial que nuestra voz refleje energía y entusiasmo durante las reuniones. Cada oportunidad comunicativa es una ocasión para transmitir nuestro mensaje de manera efectiva, y el control emocional a través de la voz desempeña un papel esencial en este proceso.

Por todo lo anterior, hemos de tomar en cuenta, que llevar a cabo conferencias a través de dispositivos electrónicos requiere de una serie de consideraciones que van más allá de simplemente conectarse en línea. Mantener una mirada virtual, gestionar la atención de la audiencia, adoptar una postura profesional, elegir un fondo adecuado y controlar las emociones a través de la voz son elementos esenciales para asegurar el éxito de las reuniones virtuales y la efectividad de nuestra comunicación en un entorno digital en constante evolución.

# 7 RECURSOS DEL ORADOR

# RECURSOS DEL ORADOR

## El discurso leído

La habilidad de leer un discurso de manera efectiva, sin que parezca una mera recitación, es un arte en sí mismo. Implica la capacidad de conectar con la audiencia, persuadirla, conmoverla, informarla y entretenerla, todo mientras se sigue un guion preestablecido. Aquí radica el desafío. De cualquier manera, hemos de preferir no leer el discurso, pues como decía José Muñoz Cota: "El discurso leído es el esqueleto de la oratoria", entonces: ¿Cómo hacer que un discurso leído parezca una conversación genuina? Aquí algunas recomendaciones:

**Prepararse con anterioridad**

La disciplina y el trabajo previo a la presentación del discurso son fundamentales para una buena presentación. El orador debe haber leído varias veces el discurso antes de tomar el podio, ello garantiza que conozca el texto y lo haga suyo. Además, esta preparación previa permite al orador subrayar las ideas en las que habrá de dar mayor énfasis o en las que utilizará pausas, silencios, gestos, etc., permitiendo, que, su discurso a pesar de ser leído conecte con la audiencia.

**El Ritmo y la Entonación como Claves Musicales**

El primer elemento a considerar es el ritmo y la entonación. Leer a una velocidad constante, alrededor de 150 palabras por minuto, evita que la audiencia se desconecte y se aburra. Este ritmo constante crea un flujo, un patrón predecible que permite que la audiencia siga cómodamente el discurso. Pero la entonación es la que da vida a las palabras. A través de variaciones en el tono, el énfasis y el volumen, el orador puede infundir emoción y vitalidad en su discurso. Como un músico que toca una partitura, el orador da vida a las palabras en el papel, creando una sinfonía de significado.

## El Poder del Contacto Visual

El contacto visual es otro componente esencial. Al mirar a la audiencia directamente, el orador establece una conexión humana. La audiencia no solo escucha, sino que también siente la presencia y la sinceridad del orador. Este contacto visual crea una comunicación silenciosa pero poderosa. Es un recordatorio de que hay un ser humano detrás de las palabras, compartiendo una experiencia. La audiencia se siente vista y valorada, y esto construye un puente de empatía.

## Estructura y División Temática

La estructura es otra herramienta vital. Para ello, es útil dividir el discurso en partes diferenciadas. Cada sección debe introducir claramente una nueva etapa o punto del discurso. Esta estructura proporciona una guía lógica para la audiencia, ayudándola a seguir el desarrollo del tema. La mente humana tiende a buscar patrones y secuencias, y esta estructura proporciona un camino claro para comprender el contenido.

## El Impacto del Comienzo

El comienzo del discurso es crucial. Aquí es donde el orador puede establecer la tonalidad y el interés de la audiencia, se pueden compartir anécdotas o elementos comunes con la audiencia, ya que eso contribuye a crear una conexión instantánea, disuelve las barreras entre el orador y la audiencia, generando una sensación de camaradería y apertura.

## Teleprompter

Para dominar el teleprompter, es importante determinar y practicar la velocidad de lectura. Antes de la presentación, debemos asegurarnos de practicar y ajustar la velocidad del teleprompter para que coincida con nuestro ritmo de lectura natural. Debe ser lo suficientemente rápido como para mantener la atención de la audiencia, pero lo suficientemente lento como para permitir una pronunciación clara y una pausa ocasional para la reflexión.

**RECURSOS DEL ORADOR** 259

La lectura de un buen discurso no tiene por qué ser monótona ni distante. Con las estrategias adecuadas, se puede lograr una conexión auténtica con la audiencia. Leer un discurso es un arte en sí mismo, donde las palabras escritas se convierten en una experiencia viva y memorable para todos los presentes. Esta habilidad es invaluable en el mundo de la comunicación, donde la capacidad de influir y conectar es esencial.

El orador debe estar muy consciente de que manera se le facilita la lectura del discurso, si con tarjetas, hojas sueltas, hojas "engargoladas", teleprompter. Cualquiera de estos apoyos debe garantizar el desarrollo armónico del discurso.

Recuerdo a Boris Johnson en una presentación en la que las hojas que llevaba sueltas se desordenaron, en su evidente confusión, ante los empresarios, periodistas y público en general, comenzó a hablar de Peppa Pig ¡Si, del personaje de caricatura!, se volvió viral aquella imagen del primer ministro inglés desorientado y perdido en su presentación. De ahí la importancia de atender correctamente y cuidar los recursos para un buen discurso leído, que aunque Muñoz Cota se refería a este tipo de discurso "como el esqueleto de la oratoria", mucho podremos hacer si nos disciplinamos.

**Boris Johnson**

# Uso de las notas

Muchas personas se preguntan si realmente es correcto utilizar notas. La respuesta es que si, siempre y cuando se haga uso apropiado de estas y se sigan algunas reglas para su adecuado uso.

- Seleccionar tarjetas de fácil manejo para su adecuado uso durante el discurso.
- Resumir las ideas clave en las notas, evitando detalles excesivos que dificulten el contacto visual con la audiencia.
- Mantener una escritura clara y legible en las tarjetas si son escritas a mano, si fueran impresas revisar que el tamaño de letra elegido sea el adecuado, así como la disposición de la información.
- Utilizar un solo lado de la tarjeta para evitar distracciones innecesarias.
- Numerar las notas para mantener el orden y evitar confusiones en su disposición durante la presentación.
- Utilizar viñetas o resaltado de texto, para distinguir puntos clave en las notas, facilitando su rápida identificación durante el discurso.
- Evitar el uso de lenguaje técnico o jerga que pueda dificultar la comprensión de las notas durante la presentación.
- Incluir recordatorios de pausas, cambios de tono o gestos específicos para mejorar la entrega del discurso.
- Adaptar el formato de las notas al estilo de presentación personal, ya sea un discurso más fluido o una presentación más estructurada.
- Practicar con las tarjetas antes del discurso para familiarizarse con el contenido y el flujo de la presentación.
- No se recomienda el uso de tarjetas para discursos largos, a menos que solo se utilicen como un recordatorio de las ideas principales a desarrollar durante la entrega.

# La Elocuencia de la Improvisación: Un Arte y un Método

La improvisación, en el arte de la oratoria y la comunicación, es un terreno fértil para el florecimiento del ingenio humano. A primera vista, puede parecer una forma desordenada y caótica de expresión, pero, en realidad, es una habilidad meticulosamente desarrollada que permite al orador adaptarse, cautivar y persuadir a su audiencia en tiempo real.

La improvisación es como una danza mental, una sinfonía de palabras que se ejecuta sobre el escenario de la conversación, y como cualquier disciplina artística, requiere un método y una maestría.

## La Espontaneidad Controlada

La esencia de la improvisación radica en la capacidad de pensar y hablar con fluidez sin un guion predefinido. Sin embargo, esta espontaneidad no debe confundirse con la falta de preparación. Al contrario, los improvisadores expertos son maestros en el arte de la preparación cuidadosa. Tienen un conocimiento profundo del tema que van a tratar y una comprensión sólida de su audiencia. Esta preparación les permite navegar por las aguas de la improvisación con confianza y eficacia.

En el corazón de la improvisación se encuentra la habilidad de escuchar. Los grandes improvisadores no solo se preocupan por lo que van a decir a continuación, sino que están atentos a las señales y respuestas de su audiencia. Esta atención plena les permite ajustar su discurso en tiempo real, asegurándose de que estén conectando con su audiencia de la manera más efectiva posible.

## La Estructura Invisible

Si bien la improvisación puede parecer caótica, está lejos de serlo. Detrás de cada discurso improvisado hay una estructura invisible que guía al orador. Esta estructura a menudo se basa en principios retóricos sólidos.

Los improvisadores conocen la importancia de una introducción sólida que capte la atención de la audiencia, seguida de un desarrollo claro de sus puntos clave y, finalmente, una conclusión impactante. En este sentido, utilizar cualquiera de las fórmulas que desarrollamos en un anterior capítulo, permitirá rápidamente organizar las ideas para presentarlas con esa estructura necesaria para lograr la persuasión. Una fórmula que recomiendo utilizar en un discurso improvisado es la de pasado, presente y futuro, practicarla mentalmente nos permitirá su fácil y rápida adaptación a cualquier situación y público.

La improvisación efectiva también se apoya en la estructura del lenguaje. Los oradores expertos dominan técnicas como la repetición, la enumeración y la analogía para dar forma a sus ideas sobre la marcha. Esto no solo hace que su discurso sea más claro, sino que también lo hace más memorable.

## La Memoria del Conocimiento

La improvisación exitosa no es simplemente una cuestión de decir lo primero que se te ocurra. Los grandes improvisadores tienen una memoria impresionante para el conocimiento relevante. Esto les permite acceder a datos, citas y ejemplos en el momento adecuado, lo que enriquece su discurso y lo hace más persuasivo.

Además, la memoria del conocimiento les permite tejer conexiones inesperadas entre ideas. Pueden tomar elementos aparentemente dispares y combinarlos de manera creativa para crear una narrativa convincente. Esta habilidad es esencial para mantener a la audiencia comprometida y sorprendida.

Es importanate mencionar que no existe la improvisación como tal, siempre esta sustentada en este conocimiento previo adquirido con disciplina constante.

Por ello la regla para la improvisación es:

# IMPROVISACIÓN

Los improvisadores no improvisan la información en sí; más bien, improvisan la forma en que presentan esa información, la manera en la que estructuran sus ideas ya conocidas.

**El Juego de la Palabra**

La improvisación es, en muchos sentidos, un juego de palabras. Los improvisadores hábiles tienen un vasto repertorio de recursos lingüísticos a su disposición. Pueden utilizar metáforas, juegos de palabras, sarcasmo y humor para dar vida a sus discursos. Esta riqueza de recursos no solo hace que su discurso sea más entretenido, sino que también les permite comunicar sus ideas de manera más efectiva.

El ritmo y la entonación también son herramientas importantes en el arsenal del improvisador. Pueden variar su tono de voz y el ritmo de su discurso para enfatizar puntos clave o crear momentos de suspenso. Estas técnicas de voz son esenciales para mantener a la audiencia comprometida y emocionada.

**El Poder de la Adaptación**

La improvisación es, en su núcleo, una forma de adaptación. Los improvisadores expertos son ágiles en su capacidad para cambiar de dirección en respuesta a las circunstancias. Pueden lidiar con preguntas difíciles, objeciones inesperadas o cambios en la dinámica de la audiencia con gracia y confianza.

Esta capacidad de adaptación se basa en la empatía. Los improvisadores pueden sintonizar con las necesidades y deseos de su audiencia y ajustar su discurso en consecuencia. Esto les permite establecer una conexión más profunda con su audiencia y aumentar su persuasión.

## El Arte de la Improvisación

La improvisación es un arte que se ha practicado y perfeccionado a lo largo de la historia. Desde los filósofos griegos que se enfrentaban en debates públicos hasta los comediantes que hacen reír a las multitudes en el escenario, la improvisación ha sido una forma de expresión humana apreciada.

Uno de los aspectos más hermosos de la improvisación es su capacidad para sorprender y conmover. Los grandes improvisadores pueden tomar a su audiencia en un viaje emocional inesperado, llevándolos desde la risa hasta la reflexión profunda en cuestión de minutos. Esta capacidad de impactar emocionalmente a la audiencia es lo que distingue a los maestros de la improvisación.

## El Entrenamiento del Improvisador

La improvisación no es un don innato, sino una habilidad que se puede aprender y perfeccionar. Los improvisadores a menudo se someten a un riguroso entrenamiento para desarrollar sus habilidades. Esto incluye prácticas como juegos de improvisación, ejercicios de escucha activa y desarrollo de memoria.

Un aspecto clave del entrenamiento es la retroalimentación. Los improvisadores suelen trabajar en grupos y recibir comentarios de sus compañeros y entrenadores. Esta retroalimentación les ayuda a identificar áreas de mejora y a afinar sus habilidades.

**El Valor de la Improvisación**

La improvisación tiene un valor intrínseco en muchas áreas de la vida. En el mundo empresarial, la capacidad de adaptarse a situaciones cambiantes y comunicarse de manera efectiva es esencial. En la vida cotidiana, la improvisación puede ayudarnos a lidiar con conversaciones difíciles o situaciones inesperadas.

Por ello afirmamos, que la improvisación es un arte y un método que nos permite comunicarnos de manera efectiva en tiempo real. Requiere preparación, atención plena y una profunda comprensión de nuestro tema y audiencia. Es una habilidad poderosa que puede enriquecer nuestras vidas y permitirnos conectar y persuadir a otros de manera más efectiva.

La improvisación no implica inventar conceptos nuevos; más bien, se trata de **expresar con palabras no planificadas ideas previamente conocidas**. Es como revertir el conocimiento almacenado en la memoria.

Algunos tratados de oratoria ofrecen consejos sobre cómo improvisar, pero su eficacia depende de la cultura y la agilidad mental del orador. No hay sustituto para una preparación sólida previa obtenida a través de la disciplina del orador.

> **Un discurso genuinamente improvisado, que surja de la nada, es poco probable que exista, ya que la posibilidad de hablar frente a un público, en cualquier circunstancia, se apoya en experiencias pasadas y los conocimientos adquiridos previamente.**

Los siguientes consejos son útiles, pero solo si el orador se compromete previamente con la preparación.

1. Antes de hablar, debemos estructurar mentalmente el tema y asegurarnos de tener al menos tres puntos de apoyo para darle coherencia y orden al discurso. En este caso se pueden utilizar cualquiera de las fórmulas que ya expusimos con anterioridad
2. Nunca se debe concurrir a un evento social, sin llevar en la mente algo organizado y propio para el caso. La reputación como orador siempre nos acompañará y es muy común que en una reunión social o en un evento profesional, nos pidan hacer uso de la palabra, por ello el orador experimentado siempre tendrá algo dispuesto en caso de que le soliciten hacer uso de la palabra.
3. Se debe tener siempre en la memoria frases diversas que puedan servir de principio y fin de discursos.
4. Debemos limitarnos en la tribuna, a lo estrictamente indispensable. Conformarnos con dejar ver nuestra buena intención de hablar, pero no por alargarnos podamos caer en lo tedioso y aburrido. Recordemos que:" orador que habla breve y bueno, doblemente bueno "
5. Para agilizar la mente y practicar la improvisación, se pueden seguir estos ejercicios:

- Escribir títulos de diversos temas, guardarlos y seleccionarlos al azar para desarrollarlos cuando sea posible.
- En casa o en la oficina, realizar el siguiente ejercicio: hablar acerca de los objetos que se encuentren a la vista durante 1 minuto. Hacerlo utilizando las fórmulas eficaces para la realización de un discurso, tratando de incluir frases, preguntas, citas, datos que recordemos.
Este es un ejercicio que recomiendo ampliamente en mis entrenamientos, ya que permite desarrollar agilidad mental, practicar estructurando en forma lógica un discurso, trabajar la imaginación y la creatividad, entre otros aspectos que aprovecharemos para desarrollar esa agilidad mental y la memoria del orador.

- Participar en conversaciones con familiares o colegas, intentando estructurar un discurso ordenado y coherente.
- Formar grupos de práctica donde llevar a cabo estos ejercicios conjuntamente.

- Leer ampliamente, ya que el éxito en la improvisación depende de nuestra propia cultura y experiencia. Además, es esencial entrenar la memoria.

Estos pasos, con toda seguridad, contribuirán a fortalecer la capacidad de improvisación y agilizar la mente del orador, recordemos que la capacidad para improvisar requiere de una preparación constante y disciplina.

# Otros recursos del Orador

Todo orador debe disponer de ciertos recursos indispensables que lo ayuden a salir de las situaciones que puedan creársele por el motivo mismo de ser orador.

Ya dimos algunos consejos que le servirán para poder improvisar efectivamente y dimos también consejos con lo que puede adquirirse habilidad para organizar discursos, en cualquier situación; fijemos ahora nuestra atención en los siguientes recursos que debe conocer el orador, para aplicarlos:

> **Antes de tomar la palabra.**
> **Durante la presentación en tribuna.**

**Antes de tomar la palabra:**

**Resulta muy útil para el orador el saber de memoria uno o dos mosaicos oratorios, de fácil adaptación a situaciones y a temas diversos.**

> **Un mosaico oratorio, es un discurso breve que conocemos a la perfección y que a partir de algunas modificaciones puede adaptarse a diferentes situaciones.**

**Aprender a convertir el nerviosismo en emoción, atención y elocuencia.**

Todos quienes hemos hablado frente a un público experimentamos el conocido miedo escénico, el miedo a la audiencia se convierte en nerviosismo, en muchas ocasiones, esta situación genera en el orador estados emocionales difíciles de controlar y que pueden contribuir a que el mensaje no se entregue de forma eficiente.

Convertir el nerviosismo ante la tribuna en emoción, atención y elocuencia es un desafío común para los oradores. Recordemos, también, que sentir nervios antes de hablar en público es completamente normal. En lugar de combatirlos, aceptemos la emoción y utilicemos esa energía para hacer una entrega inolvidable.

Aquí hay algunas estrategias para lograrlo:

**Preparación exhaustiva:**

La preparación es la clave para aumentar la confianza. Conocer nuestro tema a fondo, investigar, ensayar y estructurar nuestro discurso, contribuye a una mejor preparación que abonará en mayor seguridad ante la audiencia.

**Práctica constante:**

La práctica regular frente a un espejo o grabándose puede ayudarnos a entrenar nuestras habilidades y competencias para hablar ante un público. Puede contribuir enormemente a detectar tanto nuestras áreas fuertes, así como aquellas en las que deberemos trabajar particularmente.

**Respiración profunda:**

Cuando nos sintamos nerviosos, podemos tomar respiraciones profundas y lentas. Esto ayuda a reducir la ansiedad y permite mantener la calma.

**Visualización positiva:**

Podemos imaginar el escenario antes de nuestra presentación y visualizar el éxito. Visualizarnos hablando con confianza y recibiendo una respuesta positiva del público puede ayudarnos a sentirnos más seguros.

**Conectar con la audiencia**:

En lugar de ver a la audiencia como una amenaza, concentrémonos en establecer una conexión emocional con ellos. Pensemos en cómo el mensaje puede beneficiarlos o en cómo podemos inspirarlos. Comprender las preocupaciones y expectativas de la audiencia, nos permitirá centrar nuestro mensaje en los intereses y necesidades del público, al adaptar nuestro mensaje encontraremos que ello contribuye a nuestra seguridad, con la certeza de que estamos entregando un mensaje valioso.

**Control del lenguaje corporal**:

Mantengamos una postura abierta y segura, evitando gestos nerviosos y movimientos excesivos. El lenguaje corporal positivo puede hacer que nos sintamos y parezcamos más seguros.

**Utilizar anécdotas o preguntas:**

En lugar de lanzarnos directamente a nuestro discurso, podemos comenzar (en el exordio) con una anécdota interesante o una pregunta relacionada con el tema. Esto puede captar la atención de la audiencia desde el principio, nos ayudará a dar las primeras palabras y a centrarnos en nuestro tema con seguridad y aplomo.

**Aprender de la experiencia**:

Cada presentación es una oportunidad de aprendizaje. Después de hablar en público, es útil el que reflexionemos sobre lo que salió bien y lo que podríamos mejorar. Con el tiempo, ganaremos confianza y nos sentiremos más cómodos en la tribuna.

> **Convertir los nervios en emoción, atención y elocuencia lleva tiempo y práctica, pero con dedicación y paciencia, se puede lograr, llevándonos a ser un orador seguro y convincente**

**Mientras se está presentando el discurso:**

Las adaptaciones al público deben llevarse a cabo tanto antes como durante la entrega del discurso. El orador debe poseer la sensibilidad necesaria para percibir el impacto, ya sea positivo o negativo, que está generando en la audiencia.

Existen diversos recursos y ajustes a considerar una vez que el orador está frente a su público:

**Gestión del tiempo:** Es fundamental tener conciencia del tiempo asignado para el discurso. En ocasiones, el público podría estar fatigado debido a presentaciones previas. Aunque el discurso sea excelente, existe el riesgo de que la audiencia se distraiga o desconecte debido al cansancio.

**Uso de ejemplos e ilustraciones:** Es útil tener anécdotas, ejemplos o pasajes preparados que puedan servir para ilustrar el tema. Estos recursos proporcionan un breve descanso a la audiencia y capturan su interés y agradecimiento.

**Flexibilidad en la presentación:** A pesar de realizar un análisis previo del público, es posible que la forma de presentar una idea no sea la más efectiva en ese momento. En tales casos, el orador debe estar dispuesto a adaptarse y encontrar una nueva manera de transmitir la misma idea. Observar las reacciones del público y su lenguaje corporal es esencial, ya que proporciona retroalimentación instantánea y permite mantener una comunicación efectiva. El contacto visual constante es crucial para no perder los mensajes que la audiencia comunica a través de señales no verbales.

Las adaptaciones al público son una parte esencial de una presentación efectiva y demuestran la habilidad del orador para conectar con la audiencia en tiempo real, asegurando que el mensaje sea comprendido y bien recibido.

RECURSOS DEL ORADOR 273

ANTONIO SOLA

## Apoyos Visuales

El apoyo visual se define como cualquier recurso utilizado para estimular el sentido de la vista. Al decidir emplear uno o varios elementos visuales, el orador debe evaluar principalmente si su uso mejorará la comprensión del mensaje o si tendrá un impacto que lleve al público a aceptar su recomendación.

Es importante destacar que el apoyo visual no reemplaza al discurso oral; el contenido de nuestro discurso siempre prevalece sobre cualquier elemento visual que podamos crear. Si el elemento visual resulta más atractivo o llamativo que el propio discurso, es necesario cuestionar la utilidad de este último.

El orador emplea elementos visuales únicamente para fortalecer sus ideas, que siempre deben ser la prioridad en la preparación del discurso o bien para que funcione como una guía en su propia exposición.

Es fundamental reconocer que el 85% de la información almacenada en la mente humana proviene de fuentes visuales. Dada la importancia de la información visual en el proceso de retención, es esencial estructurar y preparar las presentaciones utilizando la combinación adecuada de elementos visuales para transmitir el mensaje de manera efectiva.

Los elementos visuales disponibles incluyen recursos físicos y elementos visuales preparados previamente.

Debemos considerar, que, el apoyo visual sólo es un complemento del mensaje oral, bien empleado ayuda a que el mensaje sea más efectivo. Al ofrecer un apoyo visual se proporciona al público dos canales para la recepción del mensaje: el auditivo y el visual. Si el público recibe el mensaje por medio de dos canales, en lugar de uno solo, es más probable que comprenda su significado o que se persuada de lo que el orador recomienda.

El material de apoyo visual puede usarse con todo tipo de discurso; sin embargo, se emplea con mayor frecuencia en el discurso informativo, en el didáctico y en el académico.

> **Función de los apoyos visuales:**
> - **Ayuda a disminuir el nerviosismo del expositor, pues al utilizarlo la atención del público se centra más en el material que en el expositor.**
> - **Presenta las ideas principales del mensaje.**
> - **Economiza tiempo, pues sintetiza información.**
> - **Facilita la comprensión y retención del material presentado.**

**Preparación de los apoyos visuales:**

La cuidadosea preparación de los apoyos visuales es de trascendental relevancia en el logro del éxito en cualquier presentación o discurso. Estos elementos visuales, que abarcan desde diapositivas hasta gráficos, imágenes, videos y objetos concretos, revelan un poder innegable para la efectiva comunicación de información y para la retención de la atención de la audiencia, por ello, resulta imperativo explorar a profundidad las razones que sustentan la importancia de la cuidadosa elaboración de estos apoyos visuales.

Los apoyos visuales, en virtud de su capacidad para presentar información de forma ordenada y visualmente comprensible, desentrañan la enmarañada madeja de conceptos que se presentarán a la audiencia, su valor radica en que facilitan la asimilación de datos y favorecen la comprensión de la relación entre diversas ideas, un recurso especialmente valioso al abordar temáticas técnicas o complicadas.

Adicionalmente, los apoyos visuales confieren una notoria ventaja en términos de retención de información. La memoria humana tiende a aferrarse con mayor tenacidad a la información de naturaleza visual que a las que emanan de fuentes auditivas o textuales. La inclusión de elementos visuales que refuercen el mensaje central de la presentación permite una mayor retención por parte de la audiencia, confiriendo así un impacto más perdurable al mensaje.

Asimismo, la capacidad de mantener el interés de la audiencia no debe subestimarse. La tendencia natural de los individuos a la atracción por estímulos visuales relevantes e impactantes se traduce en una atención más sostenida. Imágenes evocadoras, gráficos atractivos y videos bien seleccionados son instrumentos que contribuyen a mantener cautiva a la audiencia, evitando distracciones o el aburrimiento durante la exposición.

En este mismo contexto, los apoyos visuales, al servir de guías visuales complementan y facilitan la narrativa del orador, favorecen una explicación más clara y concisa de ideas y conceptos. Los recursos visuales actúan como faros que iluminan el camino, minimizando las posibilidades de malentendidos y desviaciones interpretativas.

En el ámbito de discursos persuasivos, los apoyos visuales se alzan como armas de persuasión masiva. Los gráficos que resaltan tendencias, ejemplos concretos y testimonios visuales refuerzan los argumentos, propiciando que la audiencia se incline hacia la aceptación de recomendaciones o puntos de vista presentados con elocuencia y respaldo visual.

Añadido a lo anterior, la preparación meticulosa de los apoyos visuales proyecta una imagen de profesionalismo y compromiso por parte del orador. Esta diligencia refleja la importancia que el orador concede tanto a la presentación como a la experiencia del público, consolidando su autoridad y credibilidad.

Finalmente, es relevante señalar que la adecuada planificación de los apoyos visuales contribuye a reducir la ansiedad del orador. Estos elementos actúan como anclas visuales que ofrecen seguridad y recordatorios visuales durante la presentación, evitando que el orador se desvíe o se extravíe en el discurso.

Es por ello, que, la cuidadosa preparación de los apoyos visuales es ineludible para comunicar ideas de manera efectiva, mantener el interés de la audiencia y respaldar los objetivos de una presentación. Estos elementos visuales, cuando se integran con sensatez y coherencia al discurso, se erigen como catalizadores que elevan la calidad y el impacto de cualquier presentación o discurso, creando una experiencia memorable para la audiencia.

La preparación y confección de apoyos visuales para una presentación es una empresa que requiere atención cuidadosa y estratégica. En este proceso, hay consideraciones fundamentales que merecen especial atención.

Primordialmente, el **contenido** de estos apoyos debe ser el reflejo directo del discurso que se está preparando. La elaboración de los apoyos visuales debería ser el último paso en el proceso de planificación, permitiendo así que estos refuercen y complementen la narrativa oral. Para asegurar que el contenido sea coherente y eficaz, es esencial evaluar cuáles puntos del discurso podrían resultar complicados para la audiencia y enfocar la creación de apoyos visuales en esos puntos críticos.

En lo que respecta al aspecto físico de los apoyos visuales, el tamaño reviste una importancia crítica. Los elementos visuales deben ser lo suficientemente grandes como para ser claramente visibles por toda la audiencia, independientemente de su ubicación en la sala. Asimismo, el uso del color en lugar de blanco y negro suele ser más efectivo, aunque requiere una selección cuidadosa de tonalidades que sean legibles y visualmente agradables.

La disposición de elementos en los apoyos visuales también es esencial. Deben emplearse líneas y flechas para indicar relaciones entre ideas, y en el caso de procesos o secuencias, enumerar claramente los pasos o etapas. La proximidad de puntos o conceptos que serán comparados debe reflejarse visualmente, asegurando que estén ubicados cerca uno del otro en la presentación. Los títulos deben ser claros y legibles, utilizando letras mayúsculas para mejorar la visibilidad.

En última instancia, la originalidad en la creación de apoyos visuales es un factor que no debe subestimarse. La presentación de información visual no está limitada por reglas estándar rígidas, lo que brinda una oportunidad para la creatividad. Al utilizar recursos visuales únicos y atractivos, los apoyos pueden captar la atención de la audiencia de una manera impactante y memorable.

Es así, que, la preparación de apoyos visuales para una presentación implica la alineación cuidadosa con el contenido del discurso, la consideración del tamaño y el uso efectivo del color, la disposición estratégica de elementos y la aplicación de un toque de originalidad. Estos elementos visuales no solo refuerzan la narrativa oral, sino que también enriquecen la experiencia de la audiencia, contribuyendo significativamente al éxito de la presentación.

Hay ciertas reglas de oro que el buen orador pone en práctica cuando emplea apoyos visuales:

Simplicidad y Claridad:

- Simplificar la información en diapositivas para evitar la saturación visual.
- Utilizar frases cortas y puntos clave en lugar de párrafos extensos.
- Asegurarse que la información sea clara y fácil de entender.

Diseño Consistente:

- Mantener un diseño coherente en todas las diapositivas, incluyendo colores, fuentes y estilos.
- Utilizar plantillas de diseño para mantener una apariencia profesional y uniforme.

Imágenes de Alta Calidad:

- Utilizar imágenes nítidas y de alta resolución.
- Evitar la pixelación y elegir fotos que sean visualmente atractivas y relevantes para tu contenido.

Minimiza el Texto:

- Limitar la cantidad de texto en cada diapositiva.
- Utilizar viñetas o íconos para transmitir información de manera concisa.

Uso Creativo de Gráficos y Datos:

- Incorporar gráficos y tablas para representar datos de manera visual, siempre y cuando se vean con claridad
- Experimentar con infografías y visualizaciones para hacer que los datos sean más accesibles.

Tipografía Atractiva:

- Utilizar fuentes modernas y legibles.
- Jugar con tamaños y estilos de texto para resaltar la información clave.

Paleta de Colores Atractiva:

- Seleccionar una paleta de colores atractiva y alineada con la identidad de tu marca o tema.
- Asegurarse de que haya suficiente contraste entre el texto y el fondo.

Transiciones y Animaciones Sutiles:

- Utilizar transiciones y animaciones de manera moderada y con propósito.
- Evitar efectos que puedan resultar distractivos o innecesarios.

Incorpora Elementos Interactivos:

- Si es relevante, incluir elementos interactivos como enlaces, videos o encuestas.
- Mantener la interactividad de manera que agregue valor a la presentación.

Adaptabilidad a Múltiples Dispositivos:

- Asegurarse de que los apoyos visuales se vean bien en diferentes dispositivos y tamaños de pantalla.
- Considerar el formato de presentación, ya sea en pantalla grande o en dispositivos móviles.

Recuerda que la clave está en encontrar un equilibrio entre la estética visual y la claridad informativa. Adaptar estas reglas a tu contenido específico y estilo de presentación puede hacer que tus apoyos visuales sean atractivos y efectivos.

# CONCLUSIÓN

# CONCLUSIÓN

Al finalizar este emocionante viaje a través de "**RetoricAcción**", mi deseo es que ante cada lector, ante cada orador surja un sendero abierto y lleno de oportunidades hacia la el dominio del arte de la palabra hablada, de la oratoria y la retórica.

Cada capítulo está diseñado para proporcionar herramientas que contribuyan al desarrollo, no solo de habilidades técnicas, sino también para descubrir paso a paso la esencia misma de lo que implica ser un orador magistral. El objetivo es, que en estas páginas hayan encontrado, las herramientas suficientes para convertirse en ese orador que disfruta al observar el impacto que sus palabras pueden generar. Espero, que estas páginas contribuyan a reconocer que, mediante las palabras, podemos compartir ideas, valaores, sueños y pensamientos. Pero, también, saber que a través del discurso, podemos convertirnos en la voz de aquellos que han optado por permanecer entre la audiencia. Al asumir ese papel, se reconoce la gran responsabilidad de hablar en nombre de otros, una tarea que solo se logra con disciplina, trabajo arduo y un profundo compromiso ético y moral. También es crucial ser consciente de que nuestro discurso tiene la tarea ineludible de transmitir conocimiento, contenido, que sin duda, contribuirá para el desarrollo personal o profesional de quienes escuchan.

Es por eso, que lo largo de "RetoricAcción", se busca llevar a cada lector hacia el dominio y la maestría en la oratoria y la retórica, de la forma y del fondo, por ello abordamos los fundamentos, que se han tejido con sumo cuidado, para dotar a los oradores de las herramientas necesarias para una comunicación poderosa. Desde la esencia de la retórica como el arte del argumento efectivo, pasando por las cualidades físicas esenciales del orador, hasta adentrarnos en el lenguaje elocuente y su impacto, cada capítulo ha sido diseñado para forjar oradores completos y persuasivos.

En mi camino, ya de muchos años, por la ruta de la elocuencia, he conocido grandes oradores y oradoras, también conté con grandes maestros que estimularon y motivaron aun más mi amor por la palabra hablada. De ellos aprendí los secretos y recursos, desde los más sencillos hasta los más complicados, estructurados y académicos. A cada uno de ellos, hombres y mujeres poderosas, ejemplo de trabajo, agradezco el camino que abrieron ante mi, ellos lo caminaron con gran dignidad antes que yo y de ese ejemplo retomo muchos de sus pasos para honrar su grandeza como seres humanos y como oradores. Ese camino, que me mostraron con generosidad, ha sido mi gran pasión, mi gran reto y sin duda, un camino que me hace sentir viva cada vez que subo a la tribuna, cuando mi corazón late fuerte y pareciera salirse del pecho, cuando la respiración es agitada, cuando la mente vuela y cuando frente al auditorio al decir la primera frase todo toma nuevamente su lugar convirtiéndose en atención y emoción, en responsabilidad y entrega total para cada persona que me da la gran oportunidad de ser escuchada.

La oratoria también me hace vibrar profundamente cuando algún alumno hace uso de la palabra, y, cuando compruebo que ha desarrollado esa vibrante energía mezcla de cualidades físicas esenciales en un orador, delineando la presencia, la voz y la presentación que cautivan corazones y mentes, en una amalgama perfecta cuando se engalana su discurso en el poder del lenguaje de la elocuencia. Y, cuando observo como en su gesto se muestra un universo de expresión precisa, clara y apasionada, acompañada de una intensa sensación de logro. En esos momentos experimento, aun en el agotamiento físico, mental y espiritual de haber trabajado horas y horas entrenando, perfeccionando cada palabra, pausa, silencio, entonación,etc., experimento la profunda sensación de logro. La alegría en el rostro de quien formé, ayudé, entrené es un pago generoso y profundamente gratificante.

Por otro lado, cuando se ha elegido bien el tema y se ha preparado a conciencia el discurso, ello se convierte en la llave maestra que desbloquea puertas hacia discursos con propósito, arraigados en la comprensión profunda de la audiencia. Pero, también, la elección del tema se convierte en una travesía de autodescubrimiento, preparando el terreno para discursos que no solo informan, sino que también conmueven

La estructura del discurso, inspirada en los principios clásicos de la retórica, no solo organiza ideas, sino que también las eleva a nuevas alturas. Se erige como el andamiaje que da forma a los pensamientos.

Y aquí, en el corazón del viaje, los diversos tipos de oratoria, desde la política hasta la social, ofrecen un abanico de técnicas listas para ser aplicadas en cualquier escenario, es así, que también descubrimos los recursos del orador, desde el reto del discurso leído hasta la magia de la improvisación y los apoyos visuales que dan vida a las palabras. Todo ello pensado para dotar al orador de todo tipo de recurso, herramienta y consejos que le proporcionen una base sólida para su desarrollo y consolidación como un maestro de la palabra hablada.

Por ello, "**RetoricAcción**", no es simplemente un libro; es una brújula emocional, una llamada apasionada a aquellos que buscan no solo dominar la retórica, sino también encender la llama de la autenticidad y el impacto en cada palabra pronunciada. Este libro no solo comparte conocimiento; te invita a un momento íntimo con la elocuencia, donde cada palabra cuenta una historia y cada discurso deja una huella imborrable.

Estoy segura que el lector encontrará en este libro, como lo han hecho cientos de alumnos que han pasado por mis aulas, esa llama que lo convierta en un narrador inolvidable, en un orador memorable, que, sin duda, dejará una huella indeleble en la mente, el corazón y la piel de quien le escuche.

Agradezco profundamente el tiempo que dediques a leer estas páginas, agradezco la utilización de las técnicas y consejos que contiene "RetoricAcción" y agradezco profundamente que te sumes al ejército de quienes amamos y honramos el poder de la palabra hablada.

Por último permítame el lector compartir la razón del nombre "**RetoricAcción**", nombre que se erige mucho más allá de un título. RetoricAcción es una declaración de principios, una fusión de dos elementos clave: la retórica y la acción. La elección de este nombre encapsula varias razones fundamentales, cada una reflejando la esencia intrínseca del libro.

En primer lugar, "RetoricAcción" destaca la idea central de que la oratoria y la retórica no deben ser meros ejercicios teóricos o artificios académicos, sino fuerzas motrices que conducen a la acción significativa. La palabra hablada, cuando está animada por la maestría retórica, no solo busca informar o persuadir, sino principalmente inspirar a la audiencia a tomar medidas concretas y a actuar en consecuencia. Este enfoque resalta que el poder de las palabras reside no solo en su belleza estilística, sino en su capacidad de generar un impacto tangible en el mundo.

En segundo lugar, "**RetoricAcción**" abraza la noción de que la autenticidad y la eficacia en la oratoria requieren una conexión profunda con la acción. Un orador convincente no solo declama discursos memorables, sino que también encarna y vive los principios que profesa. La acción del orador va más allá de las palabras; es un compromiso activo con la verdad de su mensaje. Este concepto resalta que la credibilidad y la persuasión auténtica se derivan de la coherencia entre lo que se dice y lo que se hace.

Además, la denominación "**RetoricAcción**" subraya la importancia de la acción constante y disciplinada en la preparación del orador. La maestría en la oratoria no es un logro estático, sino un viaje continuo de mejora y refinamiento. La disciplina en la preparación implica un compromiso constante con el perfeccionamiento, la formación y la adaptación a medida que evolucionan las circunstancias y la audiencia. Este enfoque reconoce que la entrega excepcional en cada discurso requiere un esfuerzo sostenido y un deseo constante de superación.

"**RetoricAcción**" no solo representa un título ingenioso; implica una filosofía que impulsa a los oradores a ir más allá de las palabras, a inspirar acciones concretas, a encarnar autenticidad y a comprometerse disciplinadamente con la mejora continua. Es un llamado a la oratoria con propósito, donde la retórica y la acción se entrelazan para crear un impacto perdurable en el arte de comunicar.

Por todo lo anterior, te invito a que sigamos trabajando juntos, pues, el dominio de la palabra hablada es una carrera de largo aliento, de constancia, de permanente aprendizaje y preparación y de un compromiso total e irrenunciable.

Me puedes contactar en: gmiravete@vozesmeralda.com o en mis redes sociales. Siempre agradeceré tu aportación, punto de vista u opinión, así como preguntas o consultas, las cuales estaré feliz de responder.

# Referencias y Bibliografía:

**Muñoz, J. (1976)** El hombre es su palabra. Publicada por Obayube

La Retórica de Aristóteles es un conjunto de nociones estéticas, literarias, lógicas, psicológicas y éticas que consta de tres libros. Aristóteles es considerado el fundador de la Retórica, tal y como ha llegado hasta nuestros días. En su obra, Aristóteles defiende el valor de la retórica, el arte poético. El libro de Retórica de Aristóteles es una obra literaria, artística y científica que ha sido objeto de estudio y análisis por parte de muchos autores.

**Aspasia de Mileto (c. 470 a.C. - c. 400 a.C.)** fue una maestra de retórica y logógrafa que tuvo gran influencia en la vida cultural y política de la antigua Grecia. Nació en Mileto, Turquía, en una familia adinerada, lo que le permitió recibir una excelente educación. Llegó a Atenas alrededor del 450 a.C., donde conoció a Pericles, uno de los estadistas más importantes de la época, con quien mantuvo una relación amorosa y tuvo un hijo. Aspasia era conocida por su habilidad en la oratoria y la retórica, y se cree que enseñó estas habilidades a otros, incluyendo a Sócrates. Aunque no se sabe mucho sobre su vida, su fama como intelectual y su influencia en la vida política y cultural de Atenas la convierten en una figura importante de la historia antigua.

**Maingueneau, D. (2009)**. Análisis de textos de comunicación. Buenos Aires: Ediciones Nueva Visión.

**Amossy, R. (2010).** Los discursos del yo en la comunicación mediática. Editorial Gedisa.

Definición de dominio público su origen se encuentra en el "ars dicendi"

A. Ed. Chaignet 1888, 93.

Una referencia bibliográfica sobre el elemento pragmático-discursivo de la oratoria es el libro "Pragmática y discurso oral" de Antonio Briz, publicado por Ediciones Universidad de Salamanca en 2010. En este libro, el autor aborda la relación entre la pragmática y la oratoria, y cómo el uso de ciertos elementos pragmáticos puede influir en la efectividad del discurso oral. También se discuten temas como la coherencia discursiva y la organización del discurso. Otras referencias bibliográficas que abordan la oratoria y sus elementos incluyen "Elementos parentéticos en la organización discursiva de la oratoria de Cicerón" de Luis Unceta Gómez, "Las técnicas de oratoria y su influencia en la expresión oral" de Segundo Raúl Espárza Córdova, y "Oratoria" de Marco Tulio Cicerón.

La Fórmula Mágica fue introducida por Dale Carnegie, también conocida como Fórmula Borden, debido a que es probable que su creador haya sido Richard Borden, de quien no se encuentra más que una vaga referencia en el material desarrollado por Carnegie.

**Perelman, C. y Olbrechts-Tyteca, L. (2015).** Tratado de la argumentación: La nueva retórica. Editorial Gredos.

**Rosales, M. (2018)** Tratado de la Argumentación Politica; Acerca de la recuperación de la retòrica deliberativa clásica, Ediciones Civilitas-Europa

**E. Goffman (2006)** Frame Analysis. Los Marcos de la Experiecia,

"Nuance" es un término que se utiliza para describir matices, detalles sutiles, o diferencias pequeñas pero significativas en el significado, el tono o la interpretación de algo. En otras palabras, se refiere a la presencia de elementos que pueden no ser obvios a simple vista, pero que pueden tener un impacto importante en la comprensión o apreciación de una situación, idea, argumento o mensaje.

La atención a los matices y la comprensión de la nuance son aspectos fundamentales en muchas áreas de la comunicación y el análisis, incluyendo la política, la literatura, la ética, la retórica y la toma de decisiones, entre otras. Reconocer y entender las nuance permite una comprensión más profunda y matizada de los temas y evita la simplificación excesiva.

En política, por ejemplo, la capacidad de apreciar las nuance en un problema puede llevar a soluciones más efectivas y a un debate político más informado. En la literatura, los escritores a menudo utilizan la nuance en la construcción de personajes y tramas para crear obras más ricas y complejas. En la ética, la nuance es crucial para sopesar y comprender los dilemas morales complejos.

La nuance se refiere a los detalles, matices y diferencias sutiles que contribuyen a una comprensión más completa y precisa de un tema o situación. Es un concepto importante en muchas disciplinas y es fundamental para evitar la simplificación excesiva y el entendimiento superficial.

Se originó en 1898 por el publicista Elmo Lewis, quien intentaba explicar cómo funciona la venta personal, a través de una secuencia que describe el proceso por el que un vendedor debe guiar a un cliente potencial hasta el cierre de la venta.

El término "neotelling" fue acuñado por la escritora española Elsa Punset en su libro "El mundo en tus manos: El poder de las historias en la era digital", publicado en 2013. Elsa Punset es conocida por sus trabajos relacionados con la divulgación de la inteligencia emocional y la importancia de las historias en la comunicación y la conexión humana en la era digital. El neotelling se refiere al uso de historias (narrativas) en la comunicación contemporánea, especialmente en un contexto digital.

**Albaladejo Mayordomo, T. (1989).** Retórica. Madrid: Editorial Síntesis.

**Amossy, R. (2010).** Los discursos del yo en la comunicación mediática. Editorial Gedisa.

**Aristóteles y Buckley, TA (1995).** Tratado de retórica. Amherst, Nueva York: Libros Prometheus.

**Bandler, R. y LaValle, J. (1996).** Persuasion Engineering, Ed. Meta Publications

**Campbell, C. (1972).** Poder e influencia a través de hablar en público. West Nyack, Nueva York: Parker Pub. Co.

**Campbell, C. (1972).** Poder e influencia a través de hablar en público. West Nyack, Nueva York: Parker Pub. Co.

**Charadeau, P. (2008).** El discurso político: Las máscaras del poder. Lengua, cognición y acción. Barcelona: Gedisa.

**Cialdini, R. (2017)**. Pre-Suasión. Penguin Random House Grupo Editorial, S.A.U.

**Cialdini, R. (1993).** Influence: The Psychology of Persuasion, Ed. Quill

**Daawson, R. (1997).** El Supremo Arte de Convencer, Ed. Selector

**Dilts, R. (1996).** Las Creencias, Ed. Urano

**Janner, G. (1992).** Cómo hablar en público. Ediciones Deusto SA

**Kaplan, R. B. (1972).** The anatomy of rhetoric: Prolegomena to a functional theory of rhetoric; essays for teachers. Philadelphia: Center for Curriculum Development.

**Kaplan, R. B. (1983).** Written discourse. Rowley, MA: Newbury House Publishers.

**Lakhani, D. (2019).** Persuasión, Profit Editorial

**Laure, F. (2002).** Técnicas de Presentacion. Ed. CECSA

**Maingueneau, D. (2009).** Análisis de textos de comunicación. Buenos Aires: Ediciones Nueva Visión.

**Muñoz, J. (1976).** El hombre es su palabra. Publicada por Obayube

**Murray K. (208).** Comuníquese para Inspirar. 3R Editores

**Perelman, C., & Olbrechts-Tyteca, L. (1989).** Tratado de la argumentación. La nueva retórica. Madrid: Gredos.

**Rodriguez, M. (2002).** Hablar es crear. Ed. Panorama

**Rosales, M. (2018).** Tratado de la Argumentación Politica; Acerca de la recuperación de la retòrica deliberativa clásica, Ediciones Civilitas-Europa

**Timon. (1941)** Libro de los Oradores. Biblioteca Pluma de Oro

**Van Dijk, T. A. (1999).** Los estudios del discurso. 2 vols. Barcelona: Gedisa.

Made in the USA
Columbia, SC
01 April 2024